通往普世之路

破晓 著

加拿大国际出版社

Canada International Press

书名：通往普世之路

作者：破晓

出版：加拿大国际出版社

www.intlpressca.com

Email: service@intlpressca.com

印刷版 ISBN: 978-1-990872-34-1

9 781990 872341

电子书 ISBN: 978-1-990872-35-8

Book Name：The Way Lead to Universal Value

Written by: Po, Xiao

Published by: Canada International Press

www.intlpressca.com

Email: service@intlpressca.com

Print ISBN: 978-1-990872-34-1

E-Book ISBN: 978-1-990872-35-8

作者自序

　　我从小性格内向喜欢独处，经常会思考一些奇奇怪怪的问题，比如生命的起源、人类社会的未来，尤其是想到宇宙之浩瀚后脑袋都会痛，感觉地球对宇宙来说不过是一粒尘埃罢了，人类历史在宇宙的长河中也仅仅只是短暂的一瞬间。长大后我不再去想这些没有答案的问题，而去思考我自己人生的意义。我出生在一个普普通通的家庭，懂得底层人民生活不易，尤其当我了解完本国历史后，发现自古以来都是兴百姓苦，亡百姓苦。这不禁让我陷入沉思，我希望能让我的民族摆脱苦难，我觉得人世间已有太多不幸，许多天灾往往无法避免，但完全可以减少人祸，去保障人的权利与捍卫人的尊严，这也是我的理想，虽然在别人眼里显得另类，但我仍愿意为之奋斗终身。现代文明的核心是以人为中心，所以用宪政民主制度来更好的保障人权，虽然民主制度也有一些缺陷，但仍是当今最适合人类的制度，而我国引以为傲的专制优势，在我看来不过是外强中干罢了，专制政权可能带来昙花一现的繁荣，但绝不可能维持长久。当今的体制到底怎么样，老百姓最有发言权，在我步入社会后都会对所在圈子进行观察，为此我还专门服了兵役，因为在我服兵役之前，国家的两位军委副主席都被传落马，两人是军队的二、三号人物都涉及贪腐，那么整个军队系统还能干净吗？我带着问题进入到部队，发现果然不出我所料，封闭的圈子让权力更加猖狂，入党、立功、转士官均被明码标价，干部提拔也往往需要钞票，我的连长有一次生气竟然说出："我花三十万当个连长容易吗？"我想说花钱买来的官当然不容易，但更不容易的还在后面，如果战争降临，买来的官还能像喊口号那样战无不胜吗？部队除了贪腐成风外，里面的官僚主义、形式主义更为严重，当兵两年子弹没打几发，但哪怕不吃饭不睡觉都要政治学习与整理内务，当然部队生活也有浓厚的战友情谊，但我与这个体制格格不入，两年后便退出了现役，进入到腐败的重灾区工程行业。我们单位是国企下属的分包商，进入这个圈子后我发现国企领导们的敛财手段更为高明，私人老板充当他们的白手套，就这样许多私人老板还拼命上供，冒着亏本的风险也要进入到这个行业，我发现许多老板亏损不是由于自身经营不善，而是由于上供太多或层层转包导致亏损，老板都赚不到钱，那么员工们的待遇可想而知，我国那么多农民工讨薪事件也就不足为奇了。再说这外包服务，外包服务原本是让专业的人做专业的事，以达到降低成本和收益最大化，在当今举国上下流行的外包服务中，以国有企业最喜欢劳务派遣，但由于体制原因，获得外包资格与公司实力和服务质量关系不大，而是权力在暗箱操作,这样的结果是外包服务往往一点也不专业,员工待遇很差,完成工作的质量肯定不尽人意。我从工程行业辞职后,又进入到本地特色警务站上班,警务站的普通队员仍然属于劳务派遣,每天主要工作内容就是随意盘查人或车,当时还必须每天在网上寻找一些反政府言论,或者配合社区进行流动人口排查,本地建立成千上万的警务站真是劳民又伤财,还加剧了对人权的践踏。我想说社会维持稳定的主要因素不是靠警察多少,如果人民丰衣足食又有多少人还会去作奸犯科呢?政府不去想着如何改善民生,而只去增加维稳力量让人民安分守己,我觉得那真是成事不足,败事有余。疫情爆发不久后,我又进入到一家劳务派遣公司上班,这让我深刻体会到什么叫同工不同薪,干的都是同一份工作,但却和正式职工待遇相差悬殊,而且不仅工薪待遇低,还随时面临被解雇,由于公司给员工缴纳社保也要承担一部分费用,老板为了省钱大量开除缴纳社保人员,当然明面上美名其曰调岗,实际是把员工调到离家远或工资低的岗位逼其辞职。老板也亲口给我说过:"干劳务派遣就是要靠关系,我能接上活肯定要打点不少,只有裁员降薪才能保证盈利。"听完以后我心里很不是滋味,感觉把压榨剥削说的理所当然一样,在当前体制中这样的老板也绝不是个例,但靠喝人民血,吃人民肉的社会还能繁荣吗?我认为我国是时候从人情社会向法治社会转变了。突如其来的疫情又让底层人民生活更加艰难，疫情期间我所在的城市经历了三次封城，最后一次封城长达四个月，从夏天封到冬天，长期封城导致很多人患病得不到及时救治，并且许多人失去经济来源与陷入贫困，长期封控也造成自杀人数剧增，某小区还由于着火后消防通道被封，阻碍了救援时间并造成十人死亡与多人受伤，许多居民忍受不了长期封城，纷纷下楼进行抗议，政府又利用惯用伎俩，把带头的居民拘留，给点小恩小惠象征性安抚其余人。我所在的城市也只是全国防疫的一个缩影，三年疫情由于防疫导致的灾难数不胜数，我认为在我国一直是人祸比天灾更可怕，过去三十年在经济快速增长之时，经济的增长掩盖了体制的弊端，这样甚至让有些人觉得专制更适合我国，人们常常被眼前的一点小恩小惠所蒙蔽，就像希特勒上台之时也促进了德国的经济发展，但独裁专制最终将国家拖入深渊，给人民带来巨大灾难。我希望我的祖国能摆脱专制之害，通往普世之路，尤其是我阅读完近代先贤们的书籍后，不禁感叹到他们的伟大之处，在几百年前世界正处于独裁专制的黑暗之中，先贤们就开始传播普世价值，认为人民的力量势不可挡，这是多么的难能可贵。即使在如今的我国，普世价值仍然被边缘化，许多人提起普世价值都嗤之以鼻，所以我常常觉得自己犹如汪洋之中的一片孤舟，这让我感到非常孤独与难过。我想用这本书来唤醒更多人，虽然可能是杯水车薪，但我认为这也比沉默与纵容更有意义，我始终相信人类社会对普世价值的认同，是一个国家繁荣强大的根基，我也希望自由世界能联合起来，在世界范围内共同捍卫普世价值！

目　录

引言

　　137 亿年前的大爆炸形成了宇宙，46 亿年前诞生了我们赖以生存的地球，地球的海洋孕育出原始生命，原始生命经过漫长的岁月进化出多细胞生物，海洋生物逐渐走向陆地，陆地生物不断演化出新的物种，有的物种不适应环境而灭绝，适应下来的物种又会随着环境的改变不断进化，最终约在 500 万年前人类诞生了。

　　人类学会利用火而加速了进化，从此人类和动物分道扬镳，开启了属于人类自己的文明。人类为了更好的生存建立起国家，但在文艺复兴之前的传统社会，整个世界几乎处于独裁专制的黑暗之中，那时的社会非常重视等级与身份，个体意识被埋没在集体之中，而随着西方资本主义的发展与文艺复兴的到来，个体从集体中得到解放，普世价值开始传播，人民的力量不断崛起，宪政民主制度逐渐确立，公民社会来临了。

　　人是万物之灵，地球上只有人类诞生出属于自己的文明，人类拥有智慧是把双刃剑，既可以让人类社会存在登峰造极的奴役，又可以让人们拥有并热爱自由。我认为奴役的根源来自生命本能的利己，由于生命的最终目的是为了延续自己的基因，也就是在有限的资源下，每个生命都会拼尽全力，优先确保自己的生存与繁殖，所以个体将尽可能占据更多资源，但自身的力量是有限的，人类进入社会形态后便通过压迫剥削获取他人劳动果实，从而确保占据更多资源，上天赋予人类聪明才智的同时也助长了奴役的蔓延，不仅人类社会存在奴役，在一些拥有社会行为的动物世界一样存在"奴役"，只不过动物缺少清晰的自我意识，感觉不到自己被奴役。

传统社会的统治阶层往往利用特权压迫奴役人民，人与人之间也变的越来越不平等，自然状态下的原始人绝不是卢梭先生所形容的那样自由平等，那只是一种精神寄托而不是现实。原始人的公有制并不能证明原始人热爱自由平等，只是碍于当时生产力的低下，无法进行有效的剥削，施行公有制更利于生存。

随着西方启蒙运动诞生出普世价值，人类社

会才开始发生重要转变，普世价值是以人权为中心，提倡自由、平等、民主、法治、博爱等人类共性的价值，这些价值受用于全体人类，所以称为普世价值。

之所以西方文明中诞生出普世价值，是因为西方文明的发展轨迹独一无二，从西方文明的起源就比其他文明更重视自由，这为发展出普世价值提供了土壤。关于西方自由的起源，我认为最重要的因素是受其地理环境影响，西方文明起源于古希腊文明，古希腊文明的特点是小国寡民，分散的小岛让各个城邦拥有更多的自主性，小岛之间通过海洋运输取长补短并共同发展，这就使其商业非常发达，而商业的发达和独立的城邦让古希腊人民更重视自由，对自由的热爱孕育出原始的民主制度。这时的民主制度诚然有很多缺陷，但却堪称人类史上一个伟大成就。如果没有这一次开创先河，也许就不会有后来的文艺复兴与宪政民主制度，那么人类将一直处于独裁专制的黑暗之中。

古希腊的民主制度为后世借鉴与完善民主制度提供了重要意义，虽然后来继承了希腊文化的罗马共和国蜕变为罗马帝国，中世纪又形成了封建制度，似乎民主制度失败了，但我不这样认为，因为西方文明从未放弃自由，也就不会放弃民主。民主制度的夭折只能说明民主制度并不适合传统社会，碍于当时经济与文化的落后，才让民主制度暂时衰落，随着资本主义社会的来临与对人们思想的解放，让民主制度进入到一个全新阶段。

资本主义的蓬勃发展诞生出一批又一批中产阶层，中产阶层崛起后出于对私有财产的保护，更加需要对人权的保障以及自由平等的社会环境，这也让政治体制发生了重大变化，西方宪政民主制度逐渐在资本主义世界确立，传统封建制度开始瓦解。在经济、文化与政治的共同作用下，公民社会来临了。公民社会绝不是一朝一夕形成的，而是有一个逐渐完善的过程，如今有些国家直接生搬硬套民主制度，这样不仅没有让国家走向强大反而遭遇动乱，主要是由于经济文化发展的滞后，尤其是长期受到专制文化影响的国家，一定要分步骤逐渐向民主制度过渡，由于经济和文化不可能一步到位，而需要日积月累的进步，成熟的民主国家不仅仅是制度的优越，更是拥有发达的资本主义经济与人民思想觉悟的提高。

　　我国虽然时至今日经济得到一定发展，但由于经历了长期的专制社会，专制文化对我们民族影响非常大，这也导致我国人民思想与制度的落后，我国只进行经济改革而忽视文化制度的变革，注定会让经济改革走向失败。专制国家长期来看会让选择变的单一，缺乏权力的监督失去了纠错的机会，集中的权力也必然造成贪污腐败成风，压迫与剥削也如期而至，长久下去国家必会走向衰落。现代专制国家还有可能发展成专制程度最深的极权主义体制，极权主义体制对社会无孔不入的渗透，把所有人都变成国家的奴隶，这种野蛮的体制是人类文明发展的副产品。民主制度能更好的保障人民利益，虽然决策效率和政策延续性比不上专制国家，但自由、多元、包容让社会充满活力。放眼当今世界，总体来说民主化是全球的潮流，但仍有不少专制政权披着民主正义的外衣，在国内和国际社会上兴风作浪，妄图长期奴役国内人民与扩大自身在国际社会的影响力，自由世界不能在无动于衷了。

我在本书的第一章将介绍现代文明的经济、文化与政治。第二章分为两节，第一节简要概括我国的古代史，我把我国称之为大西国，因为我觉得我国就像亚特兰蒂斯一样辉煌都在过去，而且过去是什么已不在重要，为什么才更加重要，所以我写的历史都省略了朝代与姓名，另一方面也是想规避审查，看能否在国内出版此书。第二节则描述我国的近现代之路与如今国家的真实状况。我认为如今我的祖国仍坚持专制，这绝不是偶然，而是历史的必然，但只有放弃根深蒂固的专制走向民主，国家才能重新屹立在世界的东方。我在第三章将规划我国的未来之路，并且号召自由世界联合起来抵御专制国家奴役的蔓延，专制国家的统治阶层肯定会阻止人民的觉醒，因为卖伞的人永远不希望有晴天，但正如卢梭先生所说的那样："大雨会延迟我们到达的时间，但却不能阻止我们前进。"

第一章 现代社会的经济、文化与政治

第一节 经济

　　人类社会一直伴随着商业，在资本主义社会来临之前，商业社会处于萌芽和发展阶段。商业是以货币为媒介进行交换，从而实现商品流通的经济活动，但在资本主义出现之前，商业都处于次要地位。传统社会的经济特点是广泛自给自足与少量的市场联系，而资本主义是以谋利为动机，不断将利润再投入到生产之中，这种扩张型经济充满活力且发展迅速。商业社会的繁荣不仅丰富了人们的物质生活，也培育出了商业精神，尤其是进入资本主义社会后，商业精神成为了西方社会的主流。英国史学家威廉·勒基指出："这一时期使人们扭转了传统上工商业不如农业高贵的概念。它肯定了人们追求财富的冲动，并视为人类努力的直接动力。最重要的一点是，它表明了各国繁荣对任何一个国家皆有利，因此破除了认为一国的繁荣就只能牺牲别国的旧观念"。[1]这里所指的商业社会是资本主义社会，资本主义社会就是高度发达的商业社会，资本主义社会相比传统社会的优势非常明显，传统社会是静态的、封闭的、单一的、自给自足的、生产力和生产效率都非常低下，而资本主义社会是充满活力的、动态的、开放的、多元的，生产力和生产效率都极大的提高。传统社会下的统治阶层只知道剥削现有财富，而不懂如何去创造更多的财富，再加上生产力本来就低下，这些因素造成了传统社会的普遍贫穷，人们连生存下去都很困难，更别提去追求更高层次的需求。

　　资本主义极大的丰富了物质生活，这也就为进入现代社会提供了强有力的物质保障，物质生活的提高又让一个阶层空前强大，他们就是中产阶层。资本主义的蓬勃发展让中产阶层越来越强大，庞大的中产阶层成为了国家的中坚力量，这点便和传统

---

[1]【英】威廉·勒基〈欧洲理性主义的兴起与影响〉，参见英汉莫顿编〈西方名著提要〉，何宁译，中国青年出版社1957年版，第 403-404 页.

社会差别很大，传统社会生产力低下，平民还要被统治阶层压迫剥削，所以传统社会的中产阶层力量非常弱小，传统社会主要只有两个阶层，一边是贪得无厌的贵族阶层，另一边是穷困潦倒的平民阶层，对于穷困潦倒的平民来讲，就算法律赋予了他们一切权利，对他们来说也没有任何实际意义，还不如一块面包起到的作用大。对于这些人来说，最重要的目标先是生存下去，他们基本被本能所驱使，全然不顾道德法律，这时谁给一点好处，他们就愿意充当谁的工具。而传统社会下的贵族往往穷奢极欲与傲慢自负，习惯了特权生活便不会妥协也不相信平等，在几乎没有中间力量的这两个阶层之间，根本没有妥协的余地，也就很难建立起民主制度，即使勉强建立，带来的也往往不是繁荣而是动乱。这也是当今世界上有些国家向民主制度转型失败的原因之一。

所以一个国家内民主制度的良好运行需要一股中坚力量，他们既不是赤贫也不是巨富，而是社会的中产阶层，他们更倾向于理性与热爱自由平等，因为他们意识到社会的公正能带来更多的好处。很

早之前就有思想家发现了中产阶层对人类社会的
巨大贡献，古希腊著名思想家亚里士多德就特别强
调了中产阶层对城邦稳定起到重要作用，他认为中
产阶层比巨富和赤贫更倾向于理性，因为巨富者倾
向于傲慢和自负，赤贫者倾向于卑鄙和下贱，而中
产阶层的强大可以很好的平衡富人与穷人的冲突，
从而保持社会稳定。休谟也曾经在《政治与经济》
一书中指出："野蛮国家只有土地占有者和依附性
农民两大阶层。他们所建立的就是专制政府，而商
业和工业发达的地方，农民变得独立富有，商人也
成长为中间阶层。这些中间阶层是公共自由最良好，
最坚实的基础。他们不会因贫穷而粗鄙下贱，也不
会像贵族那样骄横无礼，更不会屈服于专制。他们
支持法治平等，以便保护自己的财产。因此商业促
进了自由和公共精神，而非相反"。[1]

　　资本主义的发展创造出大量财富，这让更多
的人步入了中产阶层，中产阶层已经解决了生存问
题，既有上升的空间又有沦为赤贫的压力，所以他

---

[1]【英】休谟：《论政治与经济》，张正萍译，浙江大学
出版社 2011 版，第 152-154 页。

们是最为勤劳的阶层，更需要公正的社会来保护自己有限的财产，这也就让中产阶层比其他阶层更重视个体权益的保障。中产阶层是普世价值坚定的捍卫者，这股中坚力量是民主制度良好运行的保障，对个体私有财产的保护，也是守护自由的底线，所以现代社会的维持，首先离不开一定的物质基础。

第二节 文化

1. 自由文化

我认为之所以西方文明能发展成现代文明，归根到底是因为西方文明拥有更多的自由。西方成为了自由文化的源头，这也让西方文明最终脱颖而出，影响到全世界。

首先西方文明的源头是古希腊文明，古希腊文明属于海洋文明，商业的发达和独立的城邦让古希腊人更注重自由。自由给西方文明带来了诸多好处，首先自由更利于商业发展，贸易往来让城邦之间互利共赢并彼此依赖，双方都从商业贸易中获得了好处，其次自由让人民积极参与政治活动，这也是民主制度诞生于古希腊的重要原因。最后也是最重要的一点，自由解放了人们的思想，并赋予了人无限的想象力和创造力，这也让古希腊人民更善于思考，更讲逻辑与重视科学的发展，从古希腊哲学到近代西方科学，从古希腊民主制度到近代宪政民主制度，都是一脉相承的结果，也可以说归根到底都是自由的胜利。

随着近代资本主义的推动，自由文化得到进一步发展，文艺复兴后自由解放了个体，人人变的生而自由平等。不过自由绝不是任意妄为，国家是靠每一个人共同组建而成，所以每个人都应该拥有自由，但每个人都不应该侵犯他人的自由，没有规矩不成方圆，自由也不可能是无限度的。上世纪20年代的世界性经济大危机，正是由于资本主义世界自由主义泛滥导致的局面，在经济上应当以自由竞争为主，但政府也要起到监督作用，不能完全让经济放任自由。在法律上，每个公民都享有法律赋予的自由，同时也要受到法律的约束。在政治上公民应当拥有政治自由，如选举权和被选举权，还有言论、出版、集会、结社、游行、示威、学术、宗教等自由，拥有这些权利都是不能被剥夺的，因为这些权利都是人民用来捍卫自身权益与防止受到公权力压迫的重要手段。

在思想上，自由最容易获得也最难获得，因为在一个崇尚自由文化的国度里，孩子从出生起便在自由的环境中成长，那么他往往也会热爱自由，成为自由坚定的守护者。但在传统社会里，往往要么是脑海中充斥着特权的权贵阶层，要么是愚昧麻木与逆来顺受的平民，在这样一个国度里自然是无法忍受自由，所以要解开人民心中的枷锁，让其获得思想自由非常重要。

思想自由是指个人思想不受固有的传统思维方式所束缚，拥有独立思考与判断的能力。我认为人出生后就像一张白纸，成长的环境对于一个人至关重要，人往往不是出淤泥而不染，而是近朱者赤，近墨者黑。长期受到专制文化影响，人民会变成奴隶，这样即使把他们放到自由的国度中，他们也会和社会格格不入，思想上无形的枷锁已经形成，作为一个独立人的天性已被埋没，这也是为什么我国

经历了两千多年的专制社会后，迟迟难以向民主制
度转型的主要原因。

当今世界民主化的进程中，在建立一定的物
质基础后，就要着手解放人民思想上的枷锁，让每
一个人变得独立而自由，这样才能让人们去相信与
适应自由，并享受到自由带来的好处。掀起文艺复
兴的先贤们，正是由于他们对人民思想的解放，才
逐渐让西方从传统社会过渡到现代社会。自由文化
创造出一个多元包容的社会，并且孕育出了普世价
值，普世价值诞生于自由，也促进了自由。

2. 普世价值

普世价值是基于人的价值，是人类文化中的共
性，所以它是超越国界、民族、种族，适用于全人
类的价值，普世价值所提倡的自由、平等、民主、
法治、博爱等人类共性的价值，这些价值的核心理
念就是为了捍卫人的权利，维护人的尊严。先说说
普世价值的来源，普世的概念起源于基督教，基督
教提倡不分种族、民族、男女、无论贫穷或富有，
只要是基督教徒一律平等，不得不说基督教是第一

个普世性宗教，基督教由于普世的特点深受穷人的欢迎，因为他们都相信眼前的苦难是暂时的，只要对宗教虔诚，死后都能上天堂。因此基督教发展很快，普世的概念也由此传播开来，而普世价值真正诞生于启蒙运动，虽然启蒙运动也有反宗教的特征，但接受了基督教普世的概念，启蒙运动从人的角度出发，并把人当成最终目的，个体被从过去的集体中解放出来，那么自然会得出人类社会普遍意义的价值，因而普世价值是放之四海皆准的真理，是捍卫人权与维护人尊严的价值，普世价值的诞生是人类文明进步的体现，普世价值适用于全人类，也造福于全人类。我认为国与国的交往也应当把普世价值放到第一位，因为从长期来看，不尊重普世价值的国家崛起，必然是建立在对人权的践踏之上，这样的国家崛起只会给本国人民和世界带来灾难。有些人说普世价值很虚伪，他们认为人类社会永远不可能实现自由平等，民主与法治也不过是既得利益者制定的游戏规则，我觉得这样认为就大错特错了，现代社会是大众的社会，庞大的中产阶层才是国家的中坚力量，而且正因为人类社会永远不可能是人间天堂，所以更需要我们不停的去追求自由与平等，民主和法治虽然仍有一些缺陷，但却是行之有效制约权力作恶的重要手段，一旦我们抛弃普世价值只会让奴役蔓延，那时将更加缺乏自由与平等。我这里在单独谈谈普世价值所提倡的博爱，博爱是出于对生命的尊重，提倡对全人类甚至动物的广泛关爱，关爱人类好理解，有些人说为什么要去关爱动物？毕竟人类也是肉食动物，一边屠杀食用它们，一边又提倡关爱它们，这不是很双标吗？我想说无论人类还是动物，生命都只有一次，在地球上存在的每一个生命都值得被尊重，所以当今一百多个国家立法保护动物，防止它们受到虐待。正因为这样，我们人类可以食用一些动物，但不能虐待他们，这是出于对生命的尊重和人类的同理心，原始人类野蛮与残忍，现代人类变的文明与仁慈，这难道不是一种进步吗？所以对动物的关爱绝不是同情心泛滥，相反对动物的关爱是出于人道主义的衍生，认为动物和人一样活着需要尊严，比如食用和虐杀结果都是结束动物生命，但过程却有很大区别，食用是出于人类生存的需要，虐杀则完全是为了发泄私欲。

话又说回来，一个虐杀动物心里极度变态扭曲之人，我们又有什么理由去相信他能善待其他人？今天能去虐待动物，明天就有可能残害人类，所以善待动物其实就是善待人类自己，维护人类共同的良知，普世价值也是人类共同的价值理念，无论哪个国家的人民，都要先学会做一位现代人。

3. 公民意识

自由孕育了普世价值，普世价值又促进了公民意识，公民意识是个体对自己所在国家中地位的自我认识，公民意识起源于古希腊雅典的城邦文化，城邦文化诞生出一批富有参与精神和公共责任意识的积极公民，但这时的公民权利有着非常严格的限制，奴隶、外邦人、妇女都不享有政治权利，之后的罗马共和国与罗马帝国继承了古希腊文化，但公民权利依然受到严格限制，再到中世纪时期，宗教神学又笼罩在西方人民头顶，人变成了神的仆从，公民意识反而受到压制。直到启蒙运动后普世价值得到广泛传播，个体的公民意识才开始觉醒，人的尊严得到普遍肯定，公民形成独立人格并追求自身政治权利，传统社会下的等级与身份制度开始瓦解，一个以反对特权，强调人与人之间权利平等的公民社会逐渐形成，所以西方传统社会的公民意识，只是公民意识的雏形，那时的公民意识并不完整，西方传统社会的公民是相对于奴隶或者其他阶层而言，传统社会的公民意识与国家高度同质化，可以说是平民阶层的共同意志而缺乏个体意识。除此之外，传统社会还存在臣民意识，臣民只有义务而无权利，臣民对国家有着强烈的依附性与缺乏独立人格，他们认同等级身份制度，所以在当今世界民主化的浪潮中，切不可急于求成，只有让人民的公民意识逐渐觉醒，并且在实际政治生活中不断实践，在不断的积累经验中，才能更好的行使自身权利。公民意识的诞生与他们出生在哪没有关系，重点要让他们当故乡的主人，这样便能培育出具有独立思想与公共精神的公民，而非逆来顺受的臣民。再说公民意识的具体表现，公民意识首先表现为人们对"公民"作为国家建设者的一种心理认同与理性自觉，又体现了公民所拥有的权利和义务，具体表现为以下几点。

1. 体现了公民主人翁意识，意识到自己就是故乡与国家的主人，积极参与社会和国家治理。

2. 监督意识，国家权力来自人民，也必将受到人民的监督。

3. 法律意识，公民视法律为国家最高权威，公民会利用法律维护自身利益和行使正当权利。

4. 道德意识，公民还需要自觉维护良好的社会秩序，拥有强烈的社会责任感，对社会公共责任主动担当。

5. 荣誉意识，热爱自己的国家与人民，追求公平正义。

最后我想说，一个国家内大多数人拥有公民意识，才是建立现代国家的关键所在，现代国家必然是人民的国家，公民的社会。

第三节 政治制度及思想

1.威权主义

1.1.威权政治

广义威权政治包括一切非民主政体，只要一个国家的权力集中在单一领袖或一小部分人群，政府要求人民绝对服从其权威，那么就是广义的威权政治，而狭义威权政治是指从近代世界民主化浪潮开始后，专制与民主之间的过渡形态，这时法治与民主不完善，但政府的权力也有限，允许公民拥有部分政治自由，那么这就是狭义的威权政治。狭义威权政治只是相对成熟民主制度而言，而广义威权政治则由来已久。在目前人类历史的长河中，广义威权政治占据了大部分时间，在传统社会早期建立的国家，主要依靠暴力让人民绝对服从，随着人类社会的发展，统治阶层发现只用暴力很容易引起人们的反抗，被统治阶层的劳动积极性也不高，统治阶层便学会利用思想来控制人民，这样更容易让人民产生对政权的依附性，这就是臣民意识的起源。统治阶层给人民灌输等级身份思想，由此把人民变成逆来顺受的臣民，但东方和西方的臣民意识差别却很大，由于封建时期西方皇帝的权力非常有限，既受制于教权又受制于贵族领主或议会，注意这个时期的议会，不是人民主权的象征，而是封建制度下等级观念的反应，但这仍然有效限制了王权。西方在封建制度下人民仍然享有很多自由，而我国政权的特点是专制程度非常高，并且皇权随着朝代的更替不断加强，所以我国的专制对人民束缚更深，危害也更大，这也让我国更难向民主制度转型。西方在自由文化的影响下资本主义蓬勃发展，又在文艺复兴、宗教改革与启蒙运动的作用下，普世价值开始传播与公民意识逐渐觉醒，民主化进程也加速了。这一切都让人们觉得威权政治即将成为过去，但出人意料的是一种极端形式下的威权政治诞生了，它就是把社会囚禁到国家这部机器之中的极权主义体制。我认为极权主义产生的主要原因是西方正处于专制与民主的过渡期，当时还有相当多的人处于臣民意识之中，人民的思想跟不上民主化进程，比如资本主义发展较晚的封建国家，德国深受普鲁士军国主义影响，俄罗斯更是受到东方专制文化的长期影响。尤其是上个世纪二十年代末爆发了经济大危机，经济的大萧条让成千上万的人失业，对于这些穷困潦倒的人来说，这时谁能给他们面包，他们便愿意服从谁。随着科学技术的进步，国家对人民的控制途径更加广泛而便捷，又因为集体主义学说的兴起，此时广大人民极易被野心家利用，在这些因素影响下的那个新老交替时代，极权主义便诞生了。极权主义的诞生给人类社会敲响了警钟，它的诞生意味着人对人的奴役达到登峰造极的地步，要想防止极权主义的死灰复燃，就先要了解极权主义的前世今生。

1.2. 集体主义

集体主义虽然是伦理学范畴，但集体主义与政治学密切相关，人类传统社会中集体主义一直占主导地位，个人主义的崛起是在文艺复兴之后，距今也不过几百年的时间。群居动物都有集体主义精神，我认为这是刻在基因里的行为，因为大自然的优胜劣汰，则会把有利于种族延续的基因传承下去，个体的牺牲精神是为了让群体更好的繁衍。最初的人类社会也遵循这个原则，但随着人类社会的进步，智慧让人类拥有发明创造的能力，不再完全依赖于基因的本能，集体主义固有的缺陷也日益凸显，也是因为人类的智慧让人性更复杂，统治阶层往往打着集体的幌子谋私利，而且集体主义始终缺乏人道主义精神，与现代文明以人为中心的理念格格不入，所以集体主义最终被个人主义所取代，但在 19 世纪后期至 20 世纪初，集体主义理论学说又被再次复兴。当时西方社会处于古今之变的过渡期，经济发展遭遇一定瓶颈，不少人还深受传统文化影响，宪政民主制度也尚未成熟，所以一些披着民主外衣的集体主义学说仍有一定市场，这些学说的出发点无一例外都是为了人民，但实际情况却都是利用人民的支持来最终实现专制统治，尤其 20 世纪 20 年代末发生经济大危机后，个人主义开始受到质疑，集体主义理论学说受到追捧，当时有些人民宁可坚守本国落后的文化，也不接受外来先进的思想。法西斯主义、纳粹主义、马克思主义都是集体主义学说的极致。法西斯主义主张国家至上，纳粹主义主张民族至上，马克思主义主张无产阶级至上，这些集体主义理论看似合理却充满了欺骗性，因为实际建立起来的政权，至上的仍然仅仅是一小部分人群，人民的政治权利被剥夺，仍遭受来自统治阶层的压迫，独裁者只是利用人民的支持来获得权力而已。正如米歇尔在《寡头统治铁律-现代民主制度中的政党社会学》写道："在自诩最忠于民主理想的劳工政党中，依然是少数人掌握着权力，少数人操纵着普通劳工。领袖原来是大众意志的执行者，现在却成了独立决策的主体，人民的公仆变成了人民的主人。[1]米歇尔引用巴枯宁的话说：即使是自由最忠实的维护者，他在掌握权力后也会蜕变为暴君。领袖神圣不可侵犯，挑战其权力被看作分裂党。领袖将自己与组织等同，对领袖的批评就是对组织的冒犯。"[2]由此可见，这些集体主义政权所宣扬为了国家与人民，最终不过是让人民换了个主人而已，集体主义政权不仅没有像承诺的那样给本国人民带来幸福，反而给人民带来了无穷无尽的灾难。其实集体主义理论学说的出发点就是荒谬的，以为牺牲个体的利益就能换来集体的幸福，但是人民不断的牺牲利益却没有得到幸福，比如纳粹领袖希特勒鼓吹为了民族生存而不停侵略其他国家，最终战败导致国内八百万人死亡，成千上万的人无家可归。

---

[1] 【德】罗伯特·米歇尔斯：《寡头统治铁律-现代民主制度中的政党社会学》，任军峰等译，天津人民出版社 2003 年版，第 133 页。

[2] 德】罗伯特·米歇尔斯：《寡头统治铁律-现代民主制度中的政党社会学》，任军峰等译，天津人民出版社 2003 年版，第 176 页。

社会主义国家热衷于搞阶级斗争，号称解放了无产阶级就解放了全人类，可结果最终却是无产阶级仍然生活在水生火热之中。究其根源人民国家与民族，只不过是独裁者为了实现自身野心的工具。我认为这些集体主义学说最大的问题在于，他们只关心谁掌权却没有对权力本身进行任何限制，这些学说妄图让掌权者带领人民走向天堂，但实际情况却是无论谁掌权，不受约束的权力总是在不断作恶，把人民和国家拖入深渊，所以宪政民主制度虽然不是最完美的制度，却能把权力这个怪兽困在牢笼之中，那么就能最大程度的防止权力作恶。如果集体主义政权靠牺牲本国人民利益、践踏人民权利去谋发展，无疑是造就虚假的繁荣，不可能长久维持下去，集体主义理论和实际发展方向背道而驰，往往把国家带到一个危险的边缘，那就是极权主义。

1.3. 极权主义

　　极权主义一词诞生于上个世纪 20 年代，用来描述一个对社会有着绝对权威并尽可能控制一切的国家政治制度，之所以极权主义诞生于现代，并不是说传统社会下的独裁者不想成为极权者，而是碍于当时的客观条件不允许。由于传统社会的技术不发达，人民虽然受到压迫，但天高皇帝远，存在很大的权力真空，客观条件限制了君主的权力，所以传统社会下无论君主多么残暴，对社会的影响力仍然非常有限，而随着资本主义的发展与科学技术的进步，热武器代替了冷兵器，媒体通讯能实时传达到每一个角落，这样便能无时无刻的给平民灌输国家意识形态，政府利用军队、警察、教育、通讯等一切尽可能利用的手段来管控人民，科学技术的进步给极权主义的诞生提供了客观条件。当发生经济危机或战争导致物质极度匮乏之时，这便给了极权主义可乘之机，尤其上个世纪 20 年代末大萧条后，部分西方人民心态发生了翻天覆地的变化，这时不少人渴望出现一名救世主，并甘愿为其放弃一切权利。极权者常常说自己是人民的选择，这也有一定道理，极权者一般依靠穷困潦倒的平民上台，等待政权稳固后，又会逐步剥夺人民权利并集大权于一身，让自己成为绝对的权威，就这样一个对社会无孔不入的政治模式诞生了，它把整个社会都囚禁在国家这部机器之中。说完极权主义的起源，再谈谈极权主义的主要特征，极权主义政权永远不会承认自己是极权主义，但极权主义的主要特征是无法掩盖的，我就描述一下极权主义的主要特征。极权主义的首要特征也是最核心的特征，就是在一个国家之内只允许存在一种意识形态，并且政治无孔不入的对社会进行全面干预，正如汉娜·阿伦特所言："极权主义意味着私人及公共生活的一切方面都包括在一个囊括一切的统治过程之内"。政治上一党专政和个人独裁，不允许有反对的党派或者党内异议者，极权主义政权通过输出意识形态，妄图潜移默化的把人民都变成奴隶，又会通过暴力机器威胁和镇压反对人群，最终人民的自由将被压迫到最低限度，政治的影响力将无处不在，一些普普通通的个人行为都可能与政治挂钩并受到处罚，任何对统治阶层的批评都会导致政治迫害，极权主义体制以无所不包，无所不含的方式侵吞着整个社会，社会的一切都离不开政治。极权主义的第二大特征是制造谎言，因为极权主义需要披着民主正义的外衣来奴役人民，这就需要颠倒黑白以掩盖自身罪恶的行为，自从极权主义政权诞生的那一天起便充满了谎言，直到它灭亡的那一天才会结束。英国作家奥威尔在小说《一九八四》中曾对极权主义有过神预测，小说里无所不在的电幕监视着人们的一举一动，像极了现代某些国家利用监控、网络大数据来监视群众。《一九八四》里也有不少名言被极权者奉为真谛，比如"谎言即真理"、"自由即奴役"、"战争即和平"，在颠倒黑白中愚弄煽动群众以达到不可告人的目的。极权主义的第三大特征是斗争，极权者为了实现自己的野心，也是为了笼络人心与巩固权力，往往喜欢制造矛盾与煽动仇恨，营造一个假想敌并发动人民进行斗争，极权者也常常喜欢给人民开出一些空头支票，经常会说为了实现某些崇高理想而努力，比如纳粹的千年帝国梦、社会主义国家则是为了实现共产主义，百年目标或千年大计都是极权者惯用的口号。当今世界朝鲜就是典型的极权主义国家，在闭关锁国下政府对社会进行全面管控，而它的兄弟"西朝鲜"也越来越极权化。再来说说极权主义所带来的危害，当今世界极权主义国家所造成的危害不仅在于奴役本国人民，由于极权者的欲望是无穷无尽的，他们的傲慢与专横将会敌视一切反对因素，所以在世界全球化的背景下，自由世界便成为极权者的眼中钉，极权主义国家势必会分化自由世界的力量并逐渐扩大自身影响力，自由世界由于民主制度缺乏决策效率，只在乎眼前利益和不团结反而处于不利地位，但我认为世界民主化的浪潮不可逆转，是不以独裁者意志为转移，极权主义国家看似能动员国家的一切力量，其实不过是外强中干罢了，短时期内可能靠举国体制在某一方面取得优势，但长期来看就像人打了兴奋剂一样，药劲过后尽是副作用，所展现的强大不过是昙花一现，国家维持长久的繁荣必须依靠个体的自由。极权主义国家和专制帝国一样，绝对的权力带来绝对的腐败。统治阶层不受约束的权力必然会导致国家衰落，我用衰落而不用衰亡一词，是因为现代极权主义国家很难从内部堡垒攻破，自下而上的发动革命。现代极权主义国家由于不对称武力和对社会拥有很强的管控力，平民很难起义推翻政权，而且在科学技术日新月异的今天，极权者会与时俱进的利用先进技术来奴役人民，所以我认为最好是在国家完全蜕变为极权体制前阻止它，另一方面自由世界需要团结起来捍卫共同的价值理念，让极权主义失去生存空间。防止极权主义死灰复燃的最好方法，就是让国家维持一定的物质繁荣，国内大多数人民认可普世价值并建立起成熟的宪政民主制度，个体获得自由的同时也就扼杀了极权主义的生存土壤，那么极权主义将无处遁形。

2. 自由主义

2.1. 宪政民主制度

宪政民主政治是自由主义的结晶，宪政民主政治与传统民主政治的主要区别在于宪政民主采用代议制，与传统民主相比少了些民主，多了些法治。代议制的优势在于间接民主施行精英政治，这样既能让理性占据主导，又能让权力受到监督，而且历史证明直接民主的弊端不亚于专制，苏格拉底被雅典的直接民主处死，法国大革命时期激进的民主给法国带来的不是繁荣而是动乱，事实证明直接民主由于缺乏理性更容易产生多数人的暴政或蜕化为领袖专制，而代议制民主则能更好的保障自由，平衡一个国家之内平民阶层与精英阶层的冲突。宪政民主制度所建立的是有限责任政府，权力来源于人

民并受到法律的约束,这便很好的解决了权力滥用问题,而且有效的保障了人权,宪政民主政治的核心内容为以下几点

1. 主权在民施行代议制民主。

2. 对权力进行分权制衡,必须拥有独立的司法机构。

3. 国家宪法拥有最高权威,政府依照宪法和法律治理国家。

4. 保障公民的个人权利。

虽然每个国家有着不同国情,导致民主存在不同形式,但万变不离其宗,宪政民主政治的核心内容都离不开以上四点,宪政民主政治的两大要素是民主与法治,法治把国家权力关进制度的牢笼里防止权力的滥用,并用法律保障人权。民主让人民享有政治自由从而摆脱专制压迫,民主和法治的相辅相成对权力进行有效约束与监督。宪政民主制度也不是一朝一夕建立起来的,而是需要一定的物质保障与公民的政治素养。我不同意有些人说宪政民主制度只适合西方国家,我认为宪政民主制度只是起源于西方,却是目前最适合人类社会的政治制度,

人类社会也永远不可能找到完美的制度，因为人本身就存在缺陷，再好的制度也是由人来执行，专制主义往往把人性想的过于美好，希望每个领袖都成为救世主能拯救人民，这完全不切合实际，忽略了人性中恶的一面。人的本性往往面对巨大权力会迷失自我，变的傲慢与专横，但人性也不全是恶的一面，如果人性只有恶的话，那什么制度也不可能实现善政，人民只会遭受无穷无尽的苦难，宪政民主制度就是要约束人性中恶的一面，发扬人性中善的一面，比如对权力进行有效约束与监督，防止权力过大腐蚀人心导致当权者作恶，又肯定了人性中的责任意识，以代议制来进行政治活动，让政治家对选民负责并实现自己的承诺，因此宪政民主制度是目前最适合人类社会的制度。

2.2. 个人主义

首先需要阐述一下因果关系，我们先是人，然后才是某个国家与民族，所以我们天生就拥有作为人的权利，人权理应高于其他，谁都无权剥夺我们作为人的权利。奉行集体主义的国家常常强调所谓"集体利益"，这时个体就显得无足轻重，为了集体的发展甚至随意牺牲个体的利益，这样违背了现代文明以人为本的初心，个体成为实现某些目标的工具，这便是在践踏人权，对人尊严极大的不尊重。人应该如康德所说本身就是目的，是终极价值而不能成为工具或手段，所以宪政民主制度这座大厦的根基是建立在个人主义之上，个人主义也是自由主义的基础，只有先做到个人主义，人的自由才能得以实现。再来说一说个人主义的具体含义，个人主义是强调人与人之间互相平等的地位，尊重个体本身的价值。个人主义绝不是像利己主义那样损人利己，个人主义是建立在人人互相平等尊重的基础上彼此帮助，所以个人主义也可以是利他主义，相比集体主义常常打着集体的幌子谋私利，我认为个人主义反而能更好的维护集体利益。我不同意功利主义所说最多数人的最大幸福就是善，如果把多数人的幸福建立在少数人的痛苦之上，我认为这绝不能称为善。对于国家来说要在捍卫个人权益的基础上谋求发展，把集体发展建立在对个人权益的践踏之上，绝对是错误的做法。我认为不应该把目光盯在多数人未来的幸福，而应该注视国家眼前最需要帮助的人们，就像木桶理论一样，只有补齐短板并循序渐进的点滴改良，才能共同提高实现整体优化。因此我最认同的政治思想是波普尔的零星社会工程，波普尔反对暴力革命一蹴而就，以减轻社会中的痛苦为目标，而不奢求缔造人间天堂。人间已经有太多痛苦与灾难，人类的欲望也是无穷无尽永远无法满足，所以国家与其说去追求大多数人的幸福，而不如把主要目标放在减轻、减少社会上最大的痛苦。人类社会组建国家的根本目的是为了保障个体权益，所以无论国家疆域多么辽阔，人口如何众多，也千万不能把个体淹没到集体的海洋之中，人类社会的发展始终都不能背离初心，背离初心就会迷失方向误入歧途，始终都要记住人是万物的尺度，时刻都不能忘记捍卫人的权利与尊严，国家的繁荣也离不开个体的独立自由与强大。

2.3. 法治

人类文明法制史由来已久，但步入法治社会却是近代的事情，法制与法治虽只有一字之差却有天壤之别。先说法制，顾名思义就是法律制度，是一个静态的概念，法制也主要经历了两大阶段，第一阶段是传统社会下的法制，其特点是建立在人与人的依附关系之上，如子女对家长的依附、奴隶对奴隶主的依附、农民对地主的依附、平民对君主的依附，由此可见传统社会下的法制是为了维护既得利益阶层，法律制度代表着既得利益阶层的意志。第二阶段是宪政民主制度建立后的法制，法律由人民制定并成为最高权威，这时的法律制度才代表人民的意志，法制也变成法治。法治是针对人治而言，任何国家机关、集体与包括最高领导人在内，都严格遵守法律和依法办事。需要说明现代文明所追求的法治，核心在于规范国家权力与保障公民权利，如果法律赋予政府无限的权力，那么绝不是法治而仍然属于人治，又如果不对个人权利进行保护，那么就背离了建立国家的初衷，法治便失去了意义。实现法治的基本准则是司法机构的独立，因为拥有独立的司法机构，才能让法律不受国家权力干扰，试想个人和政府打官司时，如果司法机构隶属于政府，便毫无公平可言，就像一场比赛裁判和球员是一家人，比赛还能公平吗？在这方面孟德斯鸠就有很好的论述，他曾在《论法的精神》中写道："如果司法权不同立法权和行政权分立，自由也就不复存在。如果司法权和立法权合二为一，则对公民的生命和自由施行专断的权力，因为法官就是立法者。如果司法权和行政权合二为一，法官便将握有压迫者的力量。"[1]一个国家如果司法机构都没有实现独立，那么连法治的最低门槛都没有达到，只有司法独立才有可能实现法律面前人人平等。在法治社会里人人只服从于法律，国家严格依照法律来运转，法律就是最高权威。需要说明法治下的国家，虽然限制了人民部分自由，但法治的最终目的绝不是为了限制自由，而是保护自由。正如哈耶克所说："一个人如果不需要服从任何人，只服从于法律，那么他就是自由的"[2]。

2.4. 民主

　　我先从民主的起源说起，民主一词来源于希腊语，本意是指人民统治，古希腊文明早在两千年前就诞生出民主制度，诚然那个时代的民主制度有很

---

[1]【法】孟德斯鸠：《论法的精神》【上卷】，张雁深译，商务印书馆 1961 年再版，第 130 页

[2]【英】弗里德里希·奥古斯特·冯·哈耶克：《通往奴役之路》王明毅译，中国社会科学出版社 2014 再版，第 102 页。

多缺陷，但我认为光是从无到有这一步，就已经是非常伟大的成就，因为在那个遥远的年代，人类就开始尝试摆脱独裁专制的奴役，去追求自由而开创了民主制度的先河，这对后世的宪政民主制度提供了重要参考意义，这么伟大的壮举再多赞美也不为过，正如伯利克里所说："我们的制度是别人的模范，而不是我们模范任何其他人"。西方文明能发展出民主制度，我认为最根本的原因是因为西方文化中一直崇尚自由，民主制度也是政治自由的体现，西方自由的起源与他们所处的地理环境息息相关，首先希腊半岛多山又三面环海，纵横的山峦与交错的河谷在地理上容易形成"小国寡民"，古希腊平原土地贫瘠限制了农业发展，半岛人类便充分利用海洋发展商业，就这样各岛屿之间取长补短共同进步。小国寡民和重视商业的生活方式让古希腊人民变的独立而自由，人民积极参与公共建设，这为民主制度的诞生创造了条件，人民对自由的追求促使他们也希望在政治上得以实现，古希腊雅典经过梭伦改革后民主制度诞生了，又经过克里斯提尼和伯利克里时期让雅典民主步入黄金时代，同时这个时代还诞生出一大批伟大的思想家，其中最著名的莫过于师徒三人，苏格拉底、柏拉图与亚里士多德。虽然苏格拉底和柏拉图是反民主的，而且苏格拉底最终死于民主制度，但这并不能说民主制度失败了，因为这时的民主制度才刚刚诞生不久，就像刚出生的婴儿一样需要不断成长，民主制度的不断完善最终将证明它的优越性。古希腊城邦后来被亚历山大所征服，但其文化思想被传播到欧洲，并大体被古罗马所继承下来。罗马共和国对民主制度进行改良，设立元老院、公民大会和执行官，三者之间权力互相制衡，这一方面是为了防止雅典式暴民政治，另一方面又避免了独裁者专权，这让民主制度进一步得到完善，不过罗马共和国的民主并没有持续下去，罗马共和国最终被罗马帝国所取代。我认为罗马共和国的民主没有被发扬光大，根本原因还是受其时代的局限，首先罗马施行奴隶制度，随着罗马的扩张奴隶数量越来越多，奴隶没有任何权利，外族人也只有部分公民权利，奴隶制度本身就与民主制度有冲突，所以导致民主的质量并不高，这才造成民主制度的夭折。不过不得不说，虽然罗马帝国的民主制度没落了，但与东方帝国相比仍然民主的多，罗马帝国保留着元老院并拥有很多自治城市，这在我国君主专制的帝国中很难想象，但罗马帝国终究还是帝国，是帝国就避免不了权力的滥用，统治阶层的穷兵黩武与穷奢极欲最终导致国家的灭亡。罗马帝国灭亡后西方进入中世纪，中世纪特点是被宗教神学所笼罩，教会权力非常大，封建经济代替了奴隶经济，当时经济的主要来源靠庄园式自然经济，政治上则构建起森严的等级制度，但同样中世纪的封建制度仍比我国君主专制拥有更多的自由，我国是中央集权下的君主专制，君主本身拥有非常大的权力，一国之内的所有成员都必须服从于君主，而西方封建制度是建立在契约关系之上，森严的等级制度之下是每一个环节都只掌握着有限的权力。中世纪过后随着文艺复兴、宗教改革和启蒙运动的蓬勃发展，让西方迎来一个崭新的时代，文艺复兴主张以人为中心发展，强调人本身的价值，宗教改革促进了民族国家形成，改革后的教会更加注重自由平等，启蒙运动又破除迷信促进了科学技术的进步，就这样西方开始率先从传统社会向现代社会转变。

这里想说一下西方的宗教，如果说古希腊文明给西方带来了自由，那么西方文明的第二源头希伯来文化，则给西方带来了平等，基督教是人类史上第一个普世性宗教，基督教面向所有人，尤其是给予穷苦大众希望，不像其他宗教那样注重等级与身份，在上帝面前众生是平等的，上帝以无差别的博爱包容所有人，尤其在宗教改革后，基督教更加注重平等。基督教为西方社会打破特权阶级的枷锁，迈入平等的大众社会有着重要作用，基督教也影响了启蒙运动，启蒙运动虽然有反宗教的特征，但也接受了基督教普世的概念，并进一步发展出普世价值，所以基督教对人类文明进步有着卓越贡献。西方社会自由与平等的结合让民主制度更加成熟，现代民主制度其实就是人类社会追求自由平等的体现，正如凯尔森在《民主价值与本质》一书中写道："民主的理想包含了对社会地位平等的追求和对自由的追求。因为平等，人对人的支配便受到了否定，消除人对人的支配，意味着自由的获得。"[1]当然

---

[1] 【奥】汉斯·凯尔森《法与国家的一般理论》，沈宗灵译，中国大百科全书出版社 1996 年版，第 315 页。

现代的民主制度也并非完美，比如民主制度的效率和连贯性都有所欠缺，民主制度下选出来的领袖也可能平庸无能，但民主制度虽然无法让领袖一定实施善政，却能防止领袖施行暴政。其实政府有时管的少比管的多更有益处，只有充分发挥社会本身的作用，才能给社会注入活力使其蓬勃发展，人民才会相信自己的力量而非处处依赖统治者。托克维尔曾经在《论美国的民主》一书中写道："反对民主的人认为，一人做事比众人携手做事更要有连贯性，更细致。短期看来，此点不假。但长期来看，民主制度的优势在于它能做很多事情，这些事情是由私人完成的。我们在评价一个社会时不能盯着政府做了些什么，更值得重视的是这个社会中的个人能做出什么成就。民主虽然并不能给予人民最精明能干的政府，但最精明能干的政府往往不能创造出来的东西，使整个社会洋溢着持久的积极性，具有充沛的活力，充满离开它就不能存在和无论环境如何不利都能创造出奇迹的精力，这就是民主的真正好处。"[1]民主制度构建了一个多元的社会，它承认

---

[1]【法】托克维尔：《论美国的民主》上卷，董果良译，

差异、存在分歧、允许妥协，社会也因此而繁荣。

第二章 大西国历史

第一节 大西国的古代史

1. 第一个王朝

大西国境内发现最早的人类距今约一百七十万年前，那时人类已经会制造工具与使用天然火，再到约三万年前的山顶洞人又学会了人工取火，在距今约七千年前人类开始使用磨制石器，发展出原始农耕种植水稻。又过了两千余年，在距今四千到五千年之间，大西国进入传说时代，这个时期大西国的领土上形成了几个大的部落，这几个大的部落是大西国民族共同的祖先。随着农耕技术的进步，男性的作用越来越大，男人们既要抵御外敌，又要从事农业生产，父系社会开始逐渐形成，生产工具从石器升级为铜器，生产力的提高让产品有了剩余，

商务印书馆 1988 年版，第 280 页。

私有制便诞生了。私有制的出现让原本由部落共同
分配的原始公社制土崩瓦解，社会上出现了贵族与
平民的阶层分化，几大部落也开始施行父传子，兄
传弟的权力和物品继承，部落之间因战争抓到的俘
虏也不再杀掉，而是将他们看管起来当奴隶，早期
的文字也开始出现，大西国历史记载到这一刻突然
出现反常一幕，一个首领改变了血缘继承制而选择
德才兼备的人成为部落首领，这种继承模式被称为
禅让制。后世史书中对这种继承制度大为赞赏，认
为是最理想的继承制度，史书记载称因为首领的儿
子顽劣不堪，为了天下人的幸福而选择德才兼备的
人作为储君，但这种优秀的继承制度只不过在历史
的长河中昙花一现，实施两次后便又改成世袭制，
家天下正式确立，大西国第一个世袭制王朝诞生了。
这时候的王朝还算不上一个真正意义上的国家，而
是建立起来的部落联盟。大西国第一个王朝传到第
二代时，首领便开始不理政事、荒淫无道，以后历
朝历代世袭的君主们还会一次又一次上演这一幕，
这时一个神射手看到首领如此荒淫无道便起兵造
反，成功掌握了政权，但是自从神射手尝到权力带

来的甜头后，也逐渐变的像前任首领一样荒淫无道，最终被自己的部将所杀。原王室后代成功复辟恢复了王朝的统治，这个家族延续了约五百年的统治后又诞生了一名暴君，这个暴君还恬不知耻的把自己和人民的关系比作太阳和月亮，人民得知后都指着太阳说："你这个太阳什么时候灭亡啊，我月亮愿意和你同归于尽。"首领的部下都敢怒不敢言，因为那个时代迷信的认为首领都是天命所在不能违抗，但是在末代首领的统治下民不聊生，一个附庸部落首领对手下说："不是我想反叛，实在是他作恶多端，上天让我灭了他，我不得不听从天命啊。"就这样暴君统治终于被推翻了，新的王朝建立起来。

　　这是大西国第一个世袭制王朝，有些学者对这个朝代的存在表示怀疑，因为至今没有发现任何关于这个王朝当代的文字记载，从第二个王朝出土的大量文字记载中也并没有提到过这个朝代，而关于这个朝代的描述都是相隔几百年后的王朝所记载，这里就先不去讨论这个朝代是否真实存在，而是从现有的史料记载中描述一下这个朝代。首先这个王朝"家天下"正式确立，国家再也不是属于人们共同所有，而是明确属于某一家、某一个人，这种世袭制度在大西国持续了四千多年，而被后世史料所称赞的禅让制，这种昙花一现的继承制度真如史书记载中那么高尚吗？根据当时的历史条件和往后大西国的皇帝多次效仿禅让制，恐怕真相是残酷的，理想再美好也不过是人们的一种思想寄托，现实不会以人的主观意识而改变，史料要尽量保持客观准确的记载过去发生的事情，有一句名言说忘记历史等于背叛，而我认为美化曲解历史比背叛还恶劣，会让后人不仅没有从历史中汲取到经验教训，反而当成光荣的事情去争先效仿，这样便将错误延续下去。贪婪是人的天性，权力这种能极大满足自身欲望的东西，在没有制度的约束下怎么可能说送就送？从大西国后世效仿中就看出禅让制不过是权臣篡位的一个借口，当然我也没有直接证据，我只是根据实际情况推理得出的结论，我认为在那个弱肉强食的部落社会，武力比个人才能更加重要。

2. 第二个王朝

大西国第二个王朝经过几代君主的经营后国

力蒸蒸日上，但是王朝前期的一个制度却带来了隐患，那就是继承制度是兄终弟及。君主死后他的兄弟继承王位，这样便引发了继承问题，君主的兄弟也去世后，王位是传给君主的后代，还是兄弟的后代？君主对此解决的方法是不断迁都，把亲信带走并把反对自己的势力留下，直到王朝中期为了王权的稳固，终于确立了嫡长子继承制度，即君主的正妻所生的第一个儿子继承王位，这种继承制度将伴随大西国三千多年。王朝就这样持续了约五百年，传到最后一个君主时，史料记载多是这位末代君主的负面描写，和前朝末代君主一样穷凶极恶、荒淫无度，甚至有过之而无不及，他搜刮奇珍异宝并建立起酒池肉林供自己玩乐，还发明了很多酷刑用来惩罚反对自己的人，但从整个大西国历史来看就会发现，荒淫无道与压榨百姓，又或者穷兵黩武是许多皇帝的共性，更何况这个王朝的末代君主还是有很大功劳，他为大西国开拓了疆土又促进了民族融合，并且不拘泥于身份重用奴隶与不注重祭祀，这更像是时代的进步，因为后世的大西国逐渐形成森严的等级制度，祭祀则是彰显君权神授，用迷信来维持统治的合法性，所以我认为不应该全面否定这位君主，让他成为暴君的代名词实属有些冤枉，但君主残暴的一面还是断送了王朝，随后大西国第三个王朝建立起来。

这个王朝是大西国历史上第一个有直接文字记载的王朝，这个朝代已经建立起比较完整的国家机构，君主开始用宗教观念来维护统治地位，君主自称是上天之子，把君权和神权结合起来，这也在大西国以后历朝历代的政治文化中得以延续。

3. 第三个王朝

新的王朝为了维护统治大封天下，君主把大部分土地都封给自己的宗亲，认为天下让自家人统治比较安全，可君主却忽略了一个事实，最是无情帝王家，在权力面前往往是六亲不认的。开国君主去世后继位者年幼，他的叔叔们立马蠢蠢欲动，甚至联合前朝君主的后代发动政变，君主在其叔叔的辅佐下平定了叛乱，为了更好的维护统治，将前朝默认的等级制度变成了法律规定，严格划分了统治阶层的身份与等级，就这样王朝经过几代明君的统治后国力蒸蒸日上，但时间一长又不可避免的摊上了暴君，暴君为了剥削百姓发明了许多荒诞的税种，无论是耕种土地还是打猎砍柴，甚至走路喝水都要交税。君主罪恶滔天，搞的百姓怨声载道，可君主并没有反省自身的问题，他为了让反对的声音彻底消失，把反对者通通抓进监狱或直接处以极刑。百姓的怨气越来越大，君主为了防民之口，派人四处监视打探消息，凡有不满情绪轻者脸上刺字，重者砍脚杀头，最后老百姓在街上只敢使一个眼色，连句抱怨的话也不敢说。防民之口甚于防川就诞生于这个时代，可水能载舟亦能覆舟，终于国人大规模暴动后君主被迫出逃，后来暴君的儿子成为君主，虽然他励精图治想复兴王朝，但奈何王朝已成强弩之末，君主也未能改变王朝的颓势，最终君主在内忧外患中去世。继承君主王位的又是一名昏君，这个昏君为博妃子一笑，点燃为防止北方游牧民族入侵而设立的烽火台，邻近的诸侯看到烽火后急忙派兵前来救驾，诸侯到来时却没有发现敌人，这时君主不慌不忙地对大家说道："辛苦大家了，没有敌人，我就是想点燃烽火让你们陪娘娘玩，你们现在可以回去了。"众诸侯当时心里肯定万马奔腾，君主的爱妃看到救驾的兵马像无头苍蝇一样乱哄哄，她终于笑了，君主看到她笑也非常开心，但后面发生的事情却让君主再也笑不出来，狼真的来了。之后游牧民族大举入侵，但再点燃烽火已无人来救，君主也被乱军所杀。昏君的儿子继承王位后，西边领土被占去大半，他把国都迁到东边，大西国历史上称之为西朝灭亡，东朝时代开始了。

大西国西朝和东朝加起来长达800余年，西朝创立了礼乐制与完善了宗法制。礼乐制就是后世构建起"三纲五常"式道德的起源，宗法制则强化了世袭统治权，礼乐制和宗法制共同加强了统治阶层的稳固性，建立起森严的等级制度，等级制度的本质是为了维持统治秩序与巩固权力而诞生的，等级制度被后世的儒教发扬光大，并且儒教的思想成为大西国两千多年专制帝国的正统思想。

4. 第一次大分裂时期

东朝时代地方势力名义上奉东朝君主为天子，实际上各个地方诸侯独霸一方，大西国进入第一次

大分裂时期。东朝分为两个阶段，第一阶段大西国
先后有五个诸侯国称霸，第二阶段则有七个诸侯国
争雄。乱世出英雄，这个时代各路英雄豪杰纷纷登
场，首先东南边亡国之君为了复国，敢于寄人篱下
忍辱负重，终于让所在国君主放下戒心，放其荣归
故里，君主忠心的谋士谏言不能放虎归山，却被昏
庸的君主赐死，回国后的君主果不其然很快东山再
起，不久后便光荣复国，复国后君主便赐死了自己
的一位谋臣，而君主的另一位谋臣则急流勇退归隐
起来，他深知飞鸟尽，良弓藏；狡兔死，走狗烹之
理。另一边东北的诸侯国则因为王位之争哥哥暗杀
弟弟，弟弟装死躲过暗杀后成功登上王位，并逼邻
国处死了自己的哥哥，但重用了哥哥身边的谋士，
原来兄弟俩各自身边的谋士本来就是好朋友，弟弟
身边的谋士大力推荐哥哥身边的谋士，认为他是一
位难得的贤才，君主认为他曾经帮助哥哥暗杀过自
己，为什么还要重用他呢？谋士说那是以前各为其
主，君主要放弃私人恩怨而为国家利益着想，就需
要他这样的贤才，君主最终答应重用他，之后在这
位谋臣的辅助下国力蒸蒸日上，君主不计较个人恩

怨而以国家利益为重非常难得，所以这段历史成为了佳话。同时代另一段佳话也是由于武将对君主重用文臣而感到不满，文臣为了国家利益对武将退避三舍，武将得知文臣为了国家不受侵害而对自己毕恭毕敬后羞愧难当，亲自登门负荆请罪，这段佳话又流传千古。这两段佳话都是由于当事人拥有高尚的品德，而同时代另外一段故事则展现出政治权力斗争的普遍残酷性，夹在诸侯国中间的一个国家君主，想要请一位军事家出山辅佐自己，君主身边的武将嫉妒军事家能力，但也不敢忤逆君主的指示，便假心假意的写了一封书信给军事家，信中对他语句诚恳，大加赞赏军事家的能力并请他出山，军事家深受感动决定出山辅佐君主。军事家辅佐君主后，武将对他毕恭毕敬，军事家也很感激他的荐举之情，但没过多久武将就伪造了一封信件，给军事家安了一个谋反罪，然后武将又假心假意的对军事家说：本来君主要处以死刑，自己给君主说情才免于死刑，现在只需要割掉你的膝盖骨。军事家毕竟只是军事家，政治经验还是尚浅，他哭着对武将说：你的大恩大德我永远不会忘。武将便称要想感谢我，就把你所学的兵法写成书给我，就这样军事家怀着感激的心开始写兵法书，不得不说武将真是学到了大西国官场厚黑学的精髓，把别人卖了还让别人帮自己数钱，这时武将的部下都看不下去了，对军事家说道：武将只是想要你的兵法知识才留了你一命，你写完书命也就没了。这时的军事家才如梦初醒，把书烧掉后装疯卖傻并偷偷跑到了邻国，成为邻国的大将，最终武将被军事家打的落花流水后兵败自杀。在各路诸侯争夺大西国领导权时，西北本来一个不起眼的诸侯国，由于当时铁器的应用和农耕的发展，新兴的地主阶层和旧奴隶主贵族矛盾越来越大，导致改革的呼声日益高涨，这时一位改革家提议要君主施行一系列改革，主要内容是在县一级设立官僚机构，中央直接任命管理，经济上重农抑商推行小农经济，并废除贵族世禄制，制定了严格的法律，但却重刑法轻教化。当时太子犯了法，改革家对君主说：国家想要推行法制就要从太子开始，但还是用了一个折中的方法，太子不能受刑就让太子的老师受刑，就这样太子的两位老师一位被脸上刺字，一位被割掉了鼻子，此事却得罪了储君，改革也遭到旧贵族势力的强烈抵制，太子继位后立刻下令五马分尸改革家，但仍保留了改革成果。改革后国家实力日渐强大，并且这个时代的四大名将之中，其中两位都在这个国家，他们为统一全国立下悍马功劳。这个国家前期的将军名列四大名将之首，与邻国一战利用反间计大破敌军，并且俘虏敌军四十余万，对于如何处置这些俘虏，将军做出一个残忍的决定，把他们全部坑杀以绝后患，四十余万部队被诱骗以回国之名分割成小队，将军面对手无寸铁的俘虏展开了血腥杀戮，也许这位将军由于这件事情也产生了深深的愧疚之情，在后来君主再次派他征战这个邻国时，他极力反对并以生病为由拒绝出战，君主不得不派遣其他将军出战，结果大败而归，失败后君主迁怒于将军并赐他自尽，一代名将就这样陨落了。值得一提的是四大名将之中两位被赐死，一位被罢黜，只有一位急流勇退才保住了性命。西边的这个诸侯国在远交近攻的策略下，逐步吞并邻国，最终完成了大西国历史上首次大一统，建立起第一个中央集权下的君主专制政体。

　　这个时代虽然大西国处于战争不断的大分裂

时期，但正是由于分裂也让这个时代变的格外耀眼。本时代的思想非常活跃，思想家们都从本阶层利益出发成立了各自学派，形成了百家争鸣的局面，其中对后世影响最大的是儒教，它将西朝的等级制度进一步发展成以仁义礼为核心的学派，这个学派主要注重提升个人道德修养，同时强调等级与身份。除了儒教还有其他一些影响较大的学派，比如墨教提倡非攻兼爱，认为人不应该分高低贵贱，爱人如爱己。墨教肯定了人的本性，认为人不是不可以去追求利益，而是要把个人利益放到集体利益之中去共谋福利，非攻更是揭露了统治阶层的本来面目，君主为了自己的荣华福贵而去侵略其他国家，这是不正义的战争，并且墨教强调尊重人才，把人才问题看成是国家政治中的头等大事，主张贤者在位，能者称职。还有道教强调无为而治，认为应该一切都遵循自然，遵循自然并不是什么都不做，而是不过多干预，让社会自由发展。这个时代是大西国本土第一次思想如此活跃的时代，然而随着后世我国大一统理念成为主流，再也诞生不出如此璀璨的时代。

5. 第一个帝国

全国统一后，开国君主认为自己的功劳比以往任何君主都要大，所以称王已经显示不出自己的功劳与威望，君主认为自己"德兼三皇、功盖五帝"，于是采用了"皇帝"这个称号，大西国第一位皇帝就这样诞生了。新的帝国成为了大西国首个大一统国家，官僚由中央统一任命，分封制改为郡县制，并且统一货币度量与使用统一的文字，皇帝还下令烧毁了其他诸侯国的文献书籍，并处死了一批妄议朝政的书生，皇帝又征用了几十万民工把以前修筑的长城连成一片，用来抵御北方游牧民族的入侵。皇帝为了更好的维护统治，制定了严酷的法律来管理人民，并把以前的旧贵族全部集中到首都监视起来。这样皇帝才觉的一切都在自己的掌控之下，皇帝便开始在全国各地巡游作乐，但是在他人生最后一次巡游中得了重病，他也感到自己时日无多，这时才想起把以前发配边疆的长子召回，让其继承帝位，但诏书还没有发出便去世了，跟随在皇帝身边的小儿子串通太监与丞相篡改遗诏，丞相本来不同意，可为了自己的荣华富贵还是答应了，小儿子发

出矫诏后逼迫长子自杀，和长子关系很好与立下赫
赫战功的将军也被赐自尽。皇帝的小儿子先是秘不
发丧，等回到首都后便拿出矫诏登基称帝，这位皇
帝也是历史上出了名的暴君，先是大兴土木征调几
十万民工为自己的父亲建造陵墓，竣工后为防止盗
墓把民工们全部处死，又怕自己篡位的事情败露，
杀死了许多兄弟姐妹和一些反对自己的大臣，之后
开始建设供自己享乐的宫殿，此时大西国差不多十
分之一的人口都被调动起来为皇帝修皇陵、建宫殿，
人民不堪重负叫苦连天，终于爆发了大西国历史上
第一次大规模农民起义，这次农民起义虽然最终失
败了，但他们点燃了反抗残暴统治的星星之火，其
中最出名的两股势力一方是原南方诸侯国将军的
后代，另外一方是斩蛇起义的亭长。农民起义失败
后，将军的谋士总结了起义失败的原因，首先政府
军目前还很强大，农民军战线拉的太长，兵力分散
指挥混乱，农民军领袖自立为王不得人心，要师出
有名才能赢得人心。将军采纳了谋士的建议，找来
原南方诸侯国君主的后代，以他的名义号召天下人
共同反抗朝廷的残暴统治，将军战死后他的侄子继

承了事业，将军侄子勇武过人，被后世称为霸王。傀儡君主不甘心做傀儡，他下令谁先攻破首都便封谁为王，霸王被派遣消灭政府的主力部队，但傀儡君主挑选了一位自己的亲信当主将，让霸王去当副将。大战在即，主将却优柔寡断按兵不动，霸王一怒之下杀了主将，自己率领军队过河并破釜沉舟与敌军决一死战。霸王对士兵们说：我们这一战，只许成功不许失败，只能前进不能后退，一定要消灭敌军，就这样两军一交战，霸王部队的士兵以一当十，霸王自身也英勇无比横扫千军，敌方一触即溃，敌将只好带着二十万部队投降。战败的消息传到首都，所有人都慌了，但皇帝身边的宦官却不慌，因为他已经打算把所有过错都推到皇帝身上，然后杀了皇帝自己称帝，宦官为了测试自己的威望还专门把一头鹿说成马，不同意他观点的大臣后来被纷纷治罪，他认为这样就没人再敢反对他。亭长军队逼近首都时，宦官就找人把皇帝杀了，自己当起了皇帝，可他皇帝的宝座还没坐几天，就又被皇帝的侄子杀死，另一边霸王想早日攻陷首都，又怕投降的敌军叛变，就把二十万降兵全部坑杀，历史总是惊人的相似，曾经坑杀别国的部队如今也成刀下魂。这时亭长的部队来到了首都附近，又用疑兵之计大破敌军，皇帝侄子开城投降。亭长来到首都被宫殿的繁华迷住了，坐在皇帝的龙椅上不想下来，这时亭长的部将过来劝诫他：想要得天下就不要沉迷于此，穷奢极欲只能让国家灭亡，陛下想步后尘吗？亭长这才醒悟过来，封了宫殿并与首都的百姓约法三章，废除了以前严酷的法令，博得了广大百姓的好感，但是亭长下令守住关卡不让其他诸侯入关，这一举动触怒了霸王，霸王强行攻破关卡，并率领四十万大军驻扎起来。亭长兵少被迫向霸王求和，霸王便摆宴招待亭长，席上霸王谋士多次暗示杀掉亭长，但亭长在霸王面前低三下四百般讨好，霸王一时也找不出杀亭长的理由，最终亭长借上厕所之机逃跑。之后霸王西进，到达首都后把前朝政要全部处死，奢华的宫殿也被付之一炬，大火烧了好几个月才熄灭，就这样大西国历史上第一个帝国短短几十年便灭亡了。亭长和霸王开始争夺天下，霸王后来分封了十八路诸侯，但分配方式让一些诸侯感到不公，为日后叛乱埋下祸患。亭长身边谋士很多，

霸王却连身边唯一的谋士都用不好，这也注定了霸
王最终失败的结局，霸王的一生很有英雄主义色彩，
但却不是一位合格的皇帝，霸王虽英勇善战却优柔
寡断不善权谋，反观亭长虽然刚勇不足，但却知人
善用，最终夺取了天下。

第一个帝国虽然二世而亡，但却给大西国留下
了重要遗产，首先这个朝代是大西国历史上首个大
一统帝国，实现了"车同轨，书同文"，并且废除
了分封制，把地方行政机构分为郡县两级，郡县主
要官吏由中央任免，最高领袖正式改称皇帝，确立
了至高无上的皇权，这样便形成了中央集权下的君
主专制政体，虽然沧海桑田时光飞逝，以后历朝历
代甚至当今制度都仍受其一定影响。

6. 第二个帝国

新的帝国建立之初，开国皇帝就把为自己打江
山立下赫赫战功，被后世称为兵仙的武将罢黜兵权，
兵仙虽然在军事方面已经炉火纯青，但在政治层面
还十分幼稚，在最有能力自立为王时选择与亭长谈
条件，归顺后亭长对他心生芥蒂，解除了他的兵权，

随后兵仙才选择去谋反，最后落下一个兔死狗烹的结局。亭长称帝后平定了几个诸侯叛乱，认为还是自家人比较可靠，于是又大封宗亲，立下"异姓者称王，天下共诛之"的祖训，随后不久便去世了。由于大西国经过了很长时间战乱，经济需要得到恢复与发展，继任者便采取了休养生息与轻徭薄赋的政策，虽然因为分封制产生了"七王之乱"，但很快就平息了下去，没有对国家产生太大影响。经过几代皇帝的努力后国家蒸蒸日上，帝国传到第七位皇帝时，年轻的皇帝非常有野心，军事上他一改以往和亲的政策，主动攻击北方游牧民族并取得辉煌战果。经济上施行重农抑商，改革币制把盐铁收为国有。文化上采取罢黜百家与独尊儒教，正式将儒教确定为大西国正统思想，当然这里的儒教已经做出部分修改，变的更利于统治阶级需要，这也是由于皇帝总结了前朝亡国的教训，利用儒教强化君权，又可以教化平民百姓安分守己。皇帝施行"推恩令"限制地方权力并设置内阁加强了君主专制，皇帝晚年穷兵黩武造成国库空虚，又迷信鬼神搞的父子反目成仇，最终太子被迫自杀。不过这位皇帝在人生的最后阶段也认识到自己的错误，成为历史上第一位下诏检讨自己过错的皇帝，他临终前又恢复了建国之初休养生息的政策，本次帝国从建立之初就有着外戚干政的传统，传到第十五位皇帝时，由于外戚势力太大已经拥有废立皇帝的权力，使外戚最终篡位称帝。这位谋权篡位的皇帝被现代有些人称为穿越者，因为他当时做了很多大胆的改革，比如将土地国有化并禁止私自买卖，限制贵族奴隶数量和禁止随意买卖奴隶，甚至为了解决专制帝国的顽疾土地兼并问题，把无主之地由政府出面分配给农民耕种，但是改革受到地主阶层的强烈抵制，而皇帝的朝令夕改也使他丧失了威信，一位刚开始勤俭朴素受到人民爱戴的将军，在尝到权力的甜头后大力排除异己，他虽然想凭借一己之力改变帝国弊端，但在那个强调等级身份与贵族垄断国家权力的时代，新政一开始就注定了失败的命运，最终在轰轰烈烈的农民起义下，一个短暂的王朝落下了帷幕。大西国前朝皇室宗亲又卷土重来，击败了其他农民起义军，让前朝帝国得以延续，延续的大西帝国发明了造纸术和能预测地震的地动仪，而且引入了外来宗教，但还是没有改变外戚干政的弊端，皇帝为了制约外戚又扩大了宦官集团的权力，皇帝利用宦官势力来抗衡外戚势力，最终宦官和外戚势力两败俱伤，帝国的生命也走向了终结。

两朝总共延续四百余年，成为大西国大一统下首个"长寿"的帝国，大西国主体民族也在这个时期正式形成，帝国在文化上正式采取"罢黜百家，独尊儒术"，让儒教成为大西国两千余年专制帝国的正统思想，甚至如今仍受其一定影响，儒教一方面有利于大西国维持统一，而另一方面独尊儒教有着非常大的局限性，不仅让儒教的糟粕文化一直在大西国文化中延续，而且独尊儒教让大西国文化失去了自由与多元，也就让文明失去了进步的机会。

7. 第二次大分裂时期

第二个帝国末期在几个昏君的统治下民不聊生，又发生了声势浩大的农民起义，这次起义还结合了宗教的特点，虽然起义未能推翻帝国统治，却让地方拥兵自重，中央失去了对地方的约束力，形成群雄割据的局面，帝国的皇帝名存实亡，大西国又进入分裂时期。末代皇帝失去了昔日的荣光，先后多次被军阀挟持，北方军阀把天子掌握在手中，挟天子以令诸侯，占据了政治上的至高点，并先后打败了几个诸侯统一了北方，但在南下的战争中被皇叔联合江东诸侯打败，从而失去了统一大西国的机会。北方军阀死后他的儿子便迫不及待的利用禅让登基称帝，随后其他两个军阀也相继称帝，三足鼎立的局面正式形成。此后几十年三个王朝相互攻伐，却都没有太大战果，最终出人意料的是三个王朝都未能一统天下，北方皇帝的四朝元老通过政变把持朝政，随后他的孙子又通过禅让登基称帝并统一全国。

这个时代成为大西国历史上第二次大分裂时期，正所谓乱世出英雄，这个时代也是英雄辈出的时代，但由于先前帝国独尊儒教，其他学派日渐衰落，地主阶层的权力也逐渐稳固，便没有再诞生出百家争鸣的场面。这个时代虽然英雄辈出，但各方诸侯为了争夺地盘互相厮杀，导致生灵涂炭。这不禁让人反思，英雄辈出的时代如果建立在平民的痛苦之上，那么产生英雄的乱世与没有英雄的盛世，我想人民更应该去选择后者。

8. 黑暗的大一统帝国

大西国又开始新的王朝轮回,这次开国皇帝总结了前朝灭亡的教训,认为前朝之所以快速灭亡是由于没有分封宗亲,导致地方上缺少自家势力,这样便很容易引起权臣篡位,于是皇帝在统一全国后开始分封宗亲,他认为这样就可以长治久安,但他可能忘记大西国曾经的七王之乱。皇帝在统一全国后安于享乐,刮起奢靡之风,大臣们互相攀比斗富过着纸醉金迷的生活,而老百姓的生活却越发艰难。开国皇帝去世后嫡长子继承了帝位,但这位皇帝天生智力低下,老百姓缺少粮食上报给他,这位皇帝说出了千古名言:何不食肉糜?开国皇帝认为长治久安的分封政策,在他死后不久便引发了八王之乱,这次八王之乱比曾经的七王之乱严重的多,皇室宗亲互相争斗长达十六年之久,内讧也直接引发北方游牧民族趁虚而入,就这样昙花一现的大一统帝国,在经历了几十年短暂的统一后又走向了分裂。北方游牧民族把大西国人民称为两脚羊,妇女被当成食物，并且所到之处杀烧抢掠，导致大西国北方人口骤减，而南方军阀又内斗不断，北方与南方前前后后建立起多个国家，但始终未能统一，形成了南北对立之势。北方游牧民族以往过着茹毛饮血的生活，受到大西国文化熏陶后渐渐开始与大西国民族融合，最终北方一位文韬武略的贵族消灭了其他军阀，再次统一了大西国。

大西国这个朝代在经过短暂的统一后又再度走向分裂，分裂时间长达三百多年，在这期间皇帝大封宗亲导致八王之乱，国家衰落之际又遭到游牧民族持续侵略，在动乱中造成了大量人口死亡，本朝可以堪称大西国最黑暗的时代。

9. 昙花一现的帝国

再次统一大西国的皇帝文韬武略，他也总结了前朝灭亡的经验教训，他认为是前朝宰相权力太大，从而导致权臣频繁篡位，为了维护统治，他便开创了新的制度，说新也不完全是新的，因为在他之前的几个王朝就已经有了雏形，只是在这个朝代完全确立并得以延续。皇帝为了不让宰相威胁到皇权，便把宰相的权力进行分割，分成决策、执行、审议三个部门，颇有点三权分立之势，但这个分权的目的只是为了加强皇权，而不是限制政府本身的权力，皇帝也发现维持长久统治少不了贤才的辅佐，以往朝代选拔人才的制度有很大弊端，往往会形成贵族垄断政治，皇帝便又开创了新的制度，通过考试为国家选拔人才，皇帝认为这样可以公平、公正、公开的选拔一些贤良之士。本帝国在大西国历史上是一个短命王朝，开国皇帝的继承者要负主要责任，皇帝的次子为了继承帝业，充分发挥了政治家演员才能，他投其父亲所好，装的一副礼贤下士与清廉朴素的样子，在皇帝病重时暴露本性下令弑父夺权。

大西国正史对这位亡国之君多是贬斥，但他的功绩同样也应该被后世铭记，这位皇帝开凿大运河加强了南北经济与文化的联系，是一件功在当代，利在千秋的伟大工程，但他的急功近利与穷兵黩武，让老百姓的负担过于沉重，才导致帝国短短几十年便灭亡。这次短命的王朝也对后世大西国有着深远影响，其中最大的影响就是皇帝废除了"察举制"而采取"科举制"来选拔人才，科举制度一直持续到专制帝国的灭亡，甚至在如今的考试制度中仍能找到它的影子。

10. 专制帝国的辉煌

大西国再度大一统，开国皇帝统一后就面临着一个难题，根据大西国传统的嫡长子继承制，大儿子理应日后继承大统，但次子的功劳与威望已远远超过了太子，就这样逐渐形成了两大政治集团。开国皇帝的优柔寡断导致双方矛盾越积越深，最终次子率先发动政变，诛杀了太子势力一干人等，开国皇帝见状只能接受现实并退位让贤，次子继承了帝位，史称太宗。太宗生于乱世，非常了解民间疾苦，尤其他很精辟的总结了前朝短命的原因，他说老百姓就是水，君主就是舟，水既能让舟安稳的行驶，也能让它覆灭。太宗在位期间广开言路与任用贤才，他与一位谏官之间的故事更是成为明君与贤臣的典范，这位谏官去世后，太宗伤心的说道：以铜为镜可以正衣冠，以史为镜可以知兴替，以人为镜可以明得失，今天我失去了这位大臣，就像失去了一面镜子。在太宗统治期间政治清明，经济发展很快，社会达到路不拾遗、夜不闭户的程度，但太宗晚年渐渐独断专行，军事上屡遭失败，储君之争也让太宗心力交瘁，太子竟想逼太宗退位并提前接班。太宗毕竟政治经验丰富，非一般人能比，最终太子被废为庶人，太宗选了一位宅心仁厚的儿子作为自己的接班人，他认为这样就可以避免日后引发皇子间互相杀戮，帝国迎来了第三位皇帝高宗。高宗继位之初有着顾命大臣辅佐，国力蒸蒸日上延续着盛世，后来高宗爱上了先帝的妃子，两人一见倾心，这位妃子不仅长得好看，个人能力也非常强，扳倒了皇后与高宗的宠妃，最终如愿以偿自己当上了皇后，高宗这时患有疾病经常头晕目眩，权力便渐渐转移到皇后手里。高宗去世后，皇后变成太后，权力更加稳固，甚至可以随意废立皇帝，但太后并不满足于此，最终她成为大西国历史上独一无二的女皇。女皇一方面重视选拔人才和完善科举制度，并轻徭薄赋发展经济，为后来帝国进入全盛时期打下基础，但另一方面为了巩固自己的皇权，她任用酷吏排除异己，对反对自己的势力进行血腥镇压。这位女皇统治国家长达五十年之久，又是大西国历史上唯一的女皇,可谓一生都充满着传奇色彩,不过这位女皇虽然打破了传统,临死前又回归了传统,女皇在病危之时遭遇政变,她便果断放弃帝位,以皇后的身份与先帝合葬并立下一面无字墓碑,让后世去评价她的功过是非,女皇就这样走完了她传奇的一生。女皇的儿子继承了帝位,但受到女皇的影响,有些皇室的女性也对皇位蠢蠢欲动,皇后及公主都想当女皇,竟然联合起来毒死皇帝并准备篡夺皇位,但遭到宗亲势力的强烈反对,宗亲势力便发动政变诛杀了皇后及公主,这时权力又回归到宗室手里,但又产生了新的两大政治集团,一方面是以太子为首的政治势力,另一方面是以太平公主为首的政治集团,两人都想日后继承大统。两大政治集团明争暗斗,最终皇帝选择禅位给太子,太子集团又先发制人消灭了太平公主势力,这样新皇帝在稳固权力后,开启了王朝最鼎盛的时期。新皇帝史称玄宗,他继位之初也是广开言路与任用贤才,经济不断发展让社会呈现出一片繁荣,帝国进入全盛时期。玄宗统治后期也犯了和许多皇帝一样的毛病,只沉醉于歌舞升平的盛世之中而不思进取,皇帝还抢了自己儿子的妃子，整日与贵妃寻欢作乐，任用奸相致使政治越来越腐败，最终边疆节度使打着清君侧的名号起兵造反，皇帝又因指挥失误导致首都沦陷，虽然太子继位后平复了叛乱，但王朝也由此极盛而衰，逐渐失去对地方的控制，最终帝国被权臣篡位灭亡了。帝国灭亡后国家又进入分裂时期，在分裂的七十多年时间里，不断上演权臣篡位，父子相残以及兄弟反目的政治斗争，甚至出现了一位"汉奸皇帝"，他身为一国之君，竟然认游牧民族皇帝为父，自己则甘愿当儿皇帝，并把北方大片领土割让给游牧民族，这也导致中原北方无险可守，游牧民族可以一马平川入侵中原，这为之后游牧民族全面入侵大西国埋下隐患，分裂了七十余年后，一位文武双全的将军统一南方后通过禅让称帝。

　　本王朝是专制帝国的巅峰，帝国在文化、经济、军事上都取得较高成就，我认为历朝历代虽然同样是专制政权，但比较开明的文化与开明的皇帝，也会使社会拥有更多的自由与包容，这也让专制帝国的实力达到巅峰，但开明的专制仍然拥有体制性缺陷，那不受约束与监督的权力必会遭到滥用，也最终导致国家灭亡。

11. 重文轻武的帝国

开国皇帝总结了朝代频繁更迭的原因，他认为谋权篡位之所以如此容易，是因为武将权力太大，皇帝便把武将们召集起来喝酒，在酒桌上收了他们的兵权，之后皇帝还把领兵权和调兵权分离并让文官来管理军队，过一段时间还会对调各地方将军，这样虽然降低了武将的谋反能力，但也造成兵不识将、将不识兵，极大削弱了军队的战斗力，导致后来面对游牧民族的大举进攻，大西国基本处于被动挨打的地位，所以开国皇帝虽有心一统江山，却在北伐过程中屡遭失败，最终皇帝在与他弟弟见面后的烛影斧声中离奇去世，随后他的弟弟继承了皇位，这位皇帝在位期间正式确立"崇文抑武"的文官政治，并且开拓疆土结束了军阀混战，但终其一生还是未能收复被游牧民族侵占的领土。第三任皇帝统治时期由于他天性懦弱，是战是和摇摆不定，多次有迁都的想法，在打了胜仗后与游牧民族达成和解，每年要向游牧民族缴纳大量贡品，这样虽然有些丧权辱国，但也算赢来了维持百年的和平。随着时间的推移，专制帝国的顽疾又开始凸显，统治阶层贪污成风与土地兼并愈演愈烈，先后两次改革也由于触犯地主阶层利益而被迫流产。帝国传到第八任皇帝时期，这位皇帝更是沉溺于诗词书画不理政事，政治日趋黑暗腐败，百姓在一片怨声载道中揭竿而起，虽然几次农民起义的规模都不大，但也削弱了帝国的实力。这时西北新兴的游牧民族逐渐崛起，开始蚕食旧游牧民族领土，这时大西国想和新游牧民族联合起来攻打旧游牧民族，但即使面对衰弱的旧游牧民族，大西国军事行动还是一败再败，新游牧民族看到大西国如此软弱无能，便在吞并旧游牧民族领土后挥师南下，大西国再也无法抵挡游牧民族的进攻，皇帝匆忙禅位并把烂摊子交给自己的儿子，不久后首都被游牧民族攻克，两位皇帝及大量皇室成员被游牧民族俘虏，仅剩一位皇子领兵在外才幸免于难，他一路南逃后继承了帝位。苟安一方的大西国出现了中兴四将，在他们的带领下打了不少胜仗，尤其是中兴四将之首的大将军使游牧民族闻风丧胆，最有希望收复国土，但他犯了政治错误，将军一心想迎回被俘虏的两位皇帝，当朝皇帝却只想苟安一方，根本不想去营救被俘虏的两位皇帝，因为他们回来后，也就意味着自己将失去权力，所以皇帝对迎回二帝没什么兴趣，宁愿与游牧民族签订不平等条约也不愿收复故土，后来奸相以莫须有的罪名诬告大将军谋反，皇帝本来就对大将军的政治立场有意见，另一方面又怕大将军权力太大，影响到自身统治，便在将军北伐打了胜仗的情况下召回赐死，造成一起千古冤案，北伐也因此功亏一篑。此后游牧民族几度南下也未能吞并大西国，大西国数次北伐也无功而返，双方逐渐形成对峙局面，又过了一段时间后，沙漠以北兴起了一支游牧民族并逐渐壮大，历史总是惊人的相似，大西国又想联合新游牧民族攻打旧游牧民族，在新游牧民族统一了北方后，便开始大举入侵大西国，这个时代的大西国奸相辈出，政治腐败导致国家衰微，难以再抵挡游牧民族的猛烈进攻，最终领土被游牧民族逐渐蚕食，在南方一场海战中大西国军队全军覆没，大臣背着小皇帝投海自尽，老百姓和将士们也悲痛欲绝，纷纷跳海殉国。史书记载跳海殉国者达十万之众，就这样帝国灭亡了，这场海战的结束也宣告大西国与游牧民族持续千年的军事斗争中，第一次以彻底失败亡国而告终。

这次王朝能不能称为大一统帝国在史学界还存在争议，一些学者认为部分故土始终未能收复，所以王朝理应被划分成割据政权，而另一些学者则认为王朝虽然未能收复故土，但在文化、经济方面有很高的造诣，继承并发扬了大西国传统文化，所以应该被划分为大一统帝国。值得一提的是，本朝统治阶层对商业放宽政策，所以这个王朝的商业非常发达，但在思想文化方面依然受限于儒教，并且衍生出更为极端的教义，这为大西国日后建立起更加苛刻的等级身份制度提供了理论基础。

12. 游牧民族统治的帝国

游牧民族第一次完全占领大西国，此后游牧民族南征北战，使大西国领土空前扩大，但由于游牧民族人口数量较少，无法有效管理大西国人口，便提出了八字方针："悉空其人，以为牧地"。翻译过来就是所到之处烧杀抢掠，清空人口后把土地腾出来放牧。游牧民族推行的种族灭绝政策导致大西国人口锐减，保守估计都让大西国损失上千万人口，如果再加上侵略其他国家导致死亡的人，那么总死亡人数将过亿，这也创造了人类史上非常不光彩的一份吉尼斯世界纪录。由于游牧民族的野蛮入侵，并且游牧民族本身缺乏文化底蕴与人口数量较少，许多被占领的地盘很快又丢失，即使没丢的地区也渐渐与本地人同化，游牧民族统治大西国后也吸收了部分大西国本土文化，但统治阶层始终施行歧视性民族政策，把大西国主要民族划分为最低等人种进行残酷压迫。随着时间的流逝，专制帝国又不可避免的腐化堕落，在民族与暴政的双重压迫下，大西国各地反抗接连不断，其中一位当过和尚的贫民揭竿而起，他有着出色的军事才能与坚韧不拔的性格，他采取了先南后北的进攻策略，先是打败了南方几个军阀，随后挥师北上把游牧民族赶回沙漠，再次统一了大西国。

这是大西国历史上第一次完全被少数民族征服，虽然游牧民族统治时间不长，但对大西国后续

朝代影响很大，首先游牧民族统治阶层只是少部分
吸收了大西国本土文化，更多的则是排斥与破坏，
导致大西国本土文化传承出现了断层，这里的断层
我认为主要是指精英阶层的断裂，在生产力低下的
农耕社会，普通老百姓也只能填饱肚子，遇到天灾
人祸则无法生存，只有上层社会的人群才有受教育
的机会，自然他们是大西国文化的主要传承者，而
这次游牧民族的入侵导致大西国整个精英阶层覆
灭，导致丧失了许多优良习俗与文化果实。经济上
大西国更是遭受到严重破坏，前朝非常重视商业的
发展，游牧民族的入侵让大西国商业发展中断，后
续朝代便错误的认为，重商政策是导致王朝灭亡的
原因之一，便又开始重农抑商发展小农经济，甚至
闭关锁国与世隔绝，大西国文明再难接触外来先进
思想，文明也因此彻底衰落。这里还想来说一个问
题，就是本朝代算不算大西国历史。对于这个问题，
我认为从当时的角度和现在来看会得出截然不同
的两种答案。词条对国家概念的解释为拥有共同的
语言、文化、种族、领土、政府的社会群体。那么
从当时的角度来看，游牧民族统一前始终有着自己

的领土，游牧民族统治阶层并没有使用大西国本土语言，也排斥大西国传统文化，游牧民族的人种虽然也是黄种人，但长相却和大西国本土民族有着明显差别，所以如果站在当时的角度来说，大西国肯定算被入侵亡国了，但是我也认为永远不会对国家有一个清晰的定义，因为随着时间的推移，文化、民族、语言、种族都有可能发生改变，国家的领土也可能扩大或缩小，国家这个概念是有时效性的，只能针对当下。对于现在的大西国来说，经过了几百年的融合，部分游牧民族已经融入到大西国文明之中，这样就成为了一个国家。当今大西国不少人都对日本深恶痛绝，但如果当初日本完全统治大西国，那么随着时间的推移，日本文化也会和大西国文化进行融合，也很有可能成为一个国家，虽然这对于当今许多人来说难以接受，只因每代人的认知都被本时代所局限，而时间终会埋没一切。游牧民族杀戮了大西国上千万人口，现在还有人去恨游牧民族吗？当然我不是煽动大家去仇视游牧民族，也不是美化日本的侵略，我认为既然时间终会埋没一切，但也不是说历史发生过的事情就没有任何意义。

我只想告诉大家，历史最大的作用不是延续仇恨，而是引起思考，寻找历史曾经发生灾难的根本原因，并让历史的悲剧不再重演。

13. 走向没落的帝国

大西国再次完成大一统，开国皇帝史称太祖，他出身草根深知民间疾苦，对贪官污吏深恶痛绝，太祖认为贪污腐败与权臣篡位是帝国的主要威胁，登基称帝后便一边用严刑酷法惩戒贪官，另一边不断杀戮有能力谋反的大臣，在此期间几万名官员被杀害。太祖又借处死宰相之机，废除了存在千年的宰相制度，进一步加强了皇权。太祖为了维护统治对科举制度进行改革，把考试内容局限于儒教的书籍，并把儒教不利于维护统治的思想通通删除，保留强调等级与身份的内容。太祖还设立特务机构，用来专门监视大臣们的一举一动，并且为了江山不变色，把国土分封给几个儿子，但太祖或许忘记历史上的七王之乱与八王之乱，皆是由于大封宗亲所引发的，在权力面前亲情往往经不起考验。太子在太祖统治期间就去世了，太子的儿子继承了皇位，史称惠宗。惠宗继承了他父亲温文尔雅的性格，惠宗的主要谋士也是他的三位老师，他们都深受大西国传统文化熏陶，但都缺乏政治经验，思维过于理想化。他们为了让新皇帝稳固统治，便设法除去对皇权有威胁的因素，由于朝中开国功臣都被太祖屠戮殆尽，对皇权威胁最大的反而是地方皇室宗亲。三位老师便建议削去叔叔们的王位，防止他们拥兵自重，惠宗先从最弱的叔叔下手，然后一个接一个削藩，北方实力最强的燕王成为最后一个目标，燕王一方面麻痹皇帝装疯卖傻，另一方面则招兵买马准备造反，最终燕王打着清君侧的名号攻陷首都，惠宗下落不明。惠宗失败的原因有很多，除了太祖把能征善战的武将屠戮殆尽，导致军事行动频频受挫之外，惠宗优柔寡断的性格也是失败的重要原因，他不想背上弑叔的罪名，惠宗的妇人之仁让燕王多次死里逃生，另一方面燕王知人善用与骁勇善战，所以短短几年就取得了胜利。

燕王继承了皇位，史称成祖，毕竟成祖皇位来路不正，成祖又继承了他父亲嗜血的一面，成祖面对反抗者绝不手软，登基后便杀了不少忠于惠宗的官僚，甚至发生史上仅有一次的诛十族，九族已经牵连很多亲戚，十族又加上了门生，屠杀了近千人。成祖认为还是自己的封地安稳，封地也方便抵御游牧民族的入侵，成祖便迁都到自己的封地，正所谓"天子守国门"。迁都后成祖还是不放心大臣，他又设立了一个宦官特务机构，用来监视大臣们的一举一动。成祖在位期间修大典、下西洋，多次出兵征战北方游牧民族，最后去世在回军途中，可以算是戎马一生。成祖的长子继承了帝位，史称仁宗，他是一位短命皇帝，继位一年后便去世了，但他还在当太子时就曾多次向成祖出谋划策，更是被五十万敌军围困之时临危不惧，坚守城池直至击溃敌军。仁宗的政策在他去世后仍然得到贯彻，所以历史对他的评价很高，与他儿子统治时期并称为王朝的一大盛世。　仁宗的长子继承了皇位，史称宣宗。宣宗在位期间，他的叔父也想来个清君侧夺取皇位，叔父想篡位也是情有可原，因为先帝对他说过一句话："太子体弱多病，你要多努力啊。"话外音就是有意立他为储君，但他空有野心却没有先帝的才能，最终兵败身亡。年轻的仁宗励精图治，国力蒸蒸日上，但他在位期间设立学堂供宦官读书，为后来宦官专权埋下隐患。

宣宗在位十年，去世后传位于长子，史称英宗。英宗继位之时年龄太小，由太皇太后临朝，又有顾命大臣辅佐，国家日渐强盛，但在这些人相继去世后，英宗亲临朝政对宦官言听计从，致使宦官干政。宦官一边贪污腐败，另一边又大力排除异己，由于深得英宗宠信，大臣们也毫无办法。这时北方游牧民族又进攻大西国，宦官为了耀武扬威，鼓动英宗御驾亲征，英宗想也不想便答应了，宦官把打仗当成了儿戏，一会想路过自己的老家炫耀一下，一会又怕军队踩坏庄稼命令改道。宦官的瞎指挥导致朝廷大军被敌军团团围住，最终全军覆没，英宗也被俘虏。朝廷大臣们得知后大惊，国不可一日无君，太子又年少，大臣们便拥立了英宗的弟弟登上了皇位，史称代宗。这时游牧民族的军队已经攻打到首都附近，朝廷此时分为迁都派与主战派，但由于大西国之前皇帝被游牧民族俘虏的屈辱历史还记忆犹新，兵部尚书则说服代宗誓死保卫首都，就这样首都保卫战打响了，代宗没有信错人，兵部尚书力挽狂澜保住了首都，游牧民族只好铩羽而归。游牧民族北归后，被囚禁的英宗也失去了价值，这时发生了戏剧性一幕，游牧民族有意放走被俘虏的英宗，以向朝廷表示友好，代宗这边却不肯接收，他并不想把皇位还给哥哥，甚至还废除了太子，拥立自己的儿子当储君，但在机缘巧合之下，英宗却被迎接回来，哥哥和弟弟在皇宫门口嘘寒问暖了一番，代宗便把英宗囚禁起来，这一囚禁就是七年。之后代宗所立的储君夭折了，自己也得了重病，一些大臣为了自己的前途着想，发动了政变迎接英宗重登皇位。英宗复辟后清算了忠于代宗的人马，兵部尚书这位曾经保卫首都，立下赫赫战功的民族英雄也难逃一死，英宗在他最后的政治生涯中也有所改变，毕竟他经历了人生的大起大落，没有像年轻之时那样再偏听偏信，对利用他复位想独揽大权的几位大臣，英宗都没让他们得到好下场。英宗自己深刻体会到了囚禁之苦，便释放了被囚禁的惠宗之子。这位可怜之人，被囚禁五十年之后才获得自由，出来后连牛马都不知是何物。英宗在驾崩之前，还下令废除了自太祖以来的嫔妃殉葬制度，也算做了一桩善事。

英宗去世后，他的长子继承了皇位，史称宪宗。宪宗登基之初便不计前嫌的恢复了代宗的帝号，还替兵部尚书拨乱反正。宪宗早期统治时政治还算清明，但他统治后期又扩充了宦官特务机构，加剧了宦官干政，导致政治非常腐败，宪宗又独宠一位比他大近二十岁的宫女，或许是由于恋母情节，因为这位宫女正是宪宗年幼时的保姆，由于这位保姆嫔妃自己的孩子早夭，便开始杀害其他皇嗣，这位妃子去世不久后，宪宗也因伤心过度驾崩了。继承皇位的帝王史称孝宗，他小时候为了防止被妃子所害，吃尽了苦头，这也让他形成了坚韧不拔的品格，孝宗在位期间广开言路并重用贤臣，扭转了帝国的颓势，出现了中兴的希望。孝宗受其父亲影响，认为后宫嫔妃过多会导致争风吃醋，于是孝宗一生只娶了一位皇后，再无纳妃。夫妻俩恩恩爱爱形影不离，孝宗用自己的实际行动证明了男女平等，在那个皇权独大与男尊女卑的年代实属不易。孝宗是一位合格的丈夫，但却不是一位合格的父亲，孝宗对自己唯一长大的皇子非常溺爱，而疏于教导。这位皇子

日后将成为历史上出了名的昏君，史称武宗。这位
皇帝生性爱玩，不喜欢被拘束，他出生在普通人家
或许能幸福快乐的过完一生，但他出生在皇帝之家，
需要肩负起治国安邦的重任，很显然他并不称职。
武宗在位期间不理朝政，宠信宦官屠戮忠良，使孝
宗统治时期的中兴希望彻底破灭。武宗不喜欢朝廷
的拘束，常常出门狩猎，收集一些奇珍异兽供自己
玩乐，地方宗亲看到皇帝如此昏庸便起兵造反，但
被一位文武双全的大臣很快平定，这位皇帝先生竟
然为了好玩，下令放走反贼让自己再亲自抓捕一次，
最终武宗在一次划船中不幸落水染病，结束了其昏
庸的一生。武宗无子嗣，大臣们便决定让其堂弟继
承皇位，史称世宗。世宗登基之初权力受制于大臣，
便通过礼仪之争逐渐摆脱束缚，皇权得到了加强。
世宗晚年迷信宗教，大兴土木追求长生不老，不上
朝长达二十多年，并且荒淫无度用处女经血制造仙
丹，宫女们不堪其辱刺杀皇帝，虽然刺杀行动失败
了，但也彰显出宫女们反抗暴政的勇气，世宗最后
也被自己研制的灵丹妙药所毒死。世宗在位期间皇
子们相继夭折，他唯一的儿子继承了皇位，史称穆

宗。穆宗励精图治开启新政，又给衰落的帝国带来
了复兴的希望，他重用了一批贤臣，并且开放港口
通商，与北方游牧民族达成和平协议，不过穆宗宽
恕有余而刚勇不足，帝国激烈的党争就始于穆宗统
治时期，穆宗又纵欲过度，导致其皇帝生涯只有短
短的六年。穆宗去世后，新继任的皇帝年仅十岁，
史称神宗。神宗统治前期由先帝的顾命大臣辅政，
首辅大臣拉开了轰轰烈烈的改革序幕，专制帝国的
顽疾此时又暴露无遗，土地兼并愈演愈烈，社会间
贫富差距越拉越大，帝国此时很多农民失去土地沦
为佃农，地主却又偷税漏税，导致帝国的税收越来
越少。针对这些情况，首辅大臣制定了一系列改革，
试图挽救衰落的帝国，但改革触动到地主阶层利益，
首辅大臣的改革也随着他的去世而人亡政息。神宗
亲政后便再也没人能制约他，神宗开始模仿起他的
祖父，几十年不上朝。神宗统治后期与北方游牧民
族发生了一场战略决战，神宗的军队全军覆没，导
致东北领土沦陷，随着战争的失败，神宗也身心俱
疲驾崩了。神宗传位于嫡长子，新登基的皇帝史称
光宗，他当了几十年太子，但只当了一个月皇帝便

驾崩了，随后他的长子继承了皇位，史称熹宗。熹宗由于父亲都不受待见，自己所受的教育则更少，他认识的字都不是很多，熹宗又宠信宦官，任凭宦官胡作非为，导致政治腐败民不聊生，当然这位皇帝也不是没有长处，虽然治理国家一窍不通，但他醉心于木匠工艺，而且技术非常了得，据说凡是他所看过的木器，他都能够自己制作出来，显然熹宗更适合当一位木匠而不是皇帝。此时帝国内忧外患已经十分严重，内有宦官为非作歹，并连年大旱导致百姓民不聊生，外有游牧民族不断挑衅，虎视眈眈准备随时入侵大西国。国家在此危亡时刻，熹宗还沉醉于他的木匠活，一次在湖上饮酒作乐不慎跌入水中，身体素质每况愈下，熹宗无子嗣，他临终前便把烂摊子托付给自己的弟弟。熹宗的弟弟继承了皇位，史称思宗。思宗有心挽救日薄西山的帝国，但帝国已经病入膏肓，让这位皇帝心有余而力不足。此时帝国内外交困，老百姓食不果腹纷纷起义，农民起义军每到一处便杀豪绅，给贫民分粮并不断扩大队伍，甚至焚烧开国皇帝的祖坟，烹杀分食皇室宗亲，以表达对统治阶层的仇视。同时游牧民族也没闲着，大军不断侵蚀东北领土，虽然思宗重用兵部尚书后打了几次胜仗，但思宗生性多疑，敌军利用反间计让思宗杀死了兵部尚书。这时的帝国根本支撑不起两线作战，最终帝国首都被农民军所攻陷，思宗无奈之下杀死妻儿老小，然后上吊自杀。此时农民军领袖也被胜利冲昏了头脑，攻下首都后便登基称帝，纵容手下抢劫首都。农民军的行为致使东北边防将军投靠游牧民族，游牧民族和边防将军联合起来攻打农民军，农民军被打个措手不及节节败退，之后农民军领袖又被误杀，至此农民军从此一蹶不振。游牧民族靠自己的军队与投诚部队不断侵占大西国领土，最终大西国又一次被游牧民族完全占领。

由于最后两个朝代对当今大西国影响最大，所以我将多费点笔墨来还原历史。从本朝代开始大西国文明将明显衰落，衰落不仅是和西方世界对比，而是纵向与历朝历代大一统王朝对比，本朝代也明显逊色不少。虽然同为专制帝国，但较开明的专制包容性更强，这也促进了社会的繁荣，而本朝代的大西国经济上闭关锁国，重农抑商发展小农经济，文化上变的狭隘极端，禁锢着人们的思想，政治上加强个人独裁，皇权妄图把所有人都变成奴隶。有人说这个朝代"天子守国门，君主死社稷。"这么高风亮节，铁骨铮铮的朝代怎么能说充满奴性呢？但要知道这句话是形容皇帝的，铁骨铮铮也只是皇帝而非其他人，在皇权膨胀的专制下，也只有皇帝勉强可以称为人，其他人都是为皇权服务的，而且本朝代继承了草原文化的残忍野蛮，不仅复活了大西国废除已久的殉葬制度，还将凌迟、抽筋扒皮等残忍酷刑合法化。开国皇帝看似手段强硬的反腐政策，实则治标不治本，首先腐败的根源来自制度，不受约束的权力时刻都能为官僚带来利益，而贪婪是人的天性，又有多少人能自觉控制住自身欲望呢？所以靠道德与暴力来约束官僚是不现实的，其次官僚也是一种职业，开国皇帝用举国之财来赡养他的子嗣，而却给官僚非常低的薪水，有的官员因为薪水太低而导致家人饿死，这难道不是逼着官僚去贪污腐败吗？说到底，皇帝把天下都当成自家的私有财产，把官僚当成自己的家仆，皇帝本身就是最大的腐败者，而皇帝却只去惩治贪腐的官僚，所以开国皇帝至死也没明白腐败的根源是什么，也只能临死前说出："朝治而暮犯，暮治而晨亦如之；尸未移而人为继踵，治愈重而犯愈多。"开国皇帝所改进的科举制度也贻害无穷，如果说专制帝国的暴力统治对人民造成肉体折磨，那么科举制度则是对人精神上进行摧残，科举制度禁锢了整个精英阶层的思想，并把他们培养成奴隶。

14. 帝国的终结

游牧民族占领大西国首都之时，已经是第三任皇帝了，史称世祖。游牧民族此时想完全占领大西国，不断蚕食大西国领土，有些前朝将领纷纷调转枪口，帮助游牧民族进攻大西国，这也不能完全怪这些叛将，毕竟给谁当奴才不是当呢？对于他们来说只不过是换个主人而已。游牧民族完全占领大西国后，认为自己是胜利者，就要有胜利者的标志，所以想了一个办法，让大西国人民遵循他们的风俗，便强制推行剃发易服，就是把男人前额头发剃光，后脑勺留一根长长的辫子，衣服也换成游牧民族的服饰。大西国自古受到儒教文化影响，身体发肤受之父母不敢损伤，剃发令引起多地居民强烈抵抗。统治阶层早就料到这种情况，便下令留发不留头，留头不留发，所有反抗的人纷纷遭到屠杀，想要生存下去，只能卑躬屈膝的顺从。游牧民族恩威并施，恢复了前朝的科举制度，但另一方面统治阶层毕竟是少数民族，他们仍对这些读书人不放心，所以后来几位皇帝就大兴文字狱，宁可错杀一千，也不放过一位有异心之人。第三任皇帝世祖在位十八年，二十四岁就染天花去世，传位给第三子。新皇帝史称圣祖，他八岁登基，十四岁亲政，少年的圣祖就降伏了权臣，成年后的他又平定了藩王之乱，后来又收复了南方宝岛，抵御了沙俄的侵略。圣祖在位六十一年，是在位时间最长的皇帝，圣祖去世后传位第四子，史称世宗。世宗继位之后兢兢业业，几乎全年不休的工作，这为后来帝国进入全盛时期打下基础，但高强度的工作也让世宗积劳成疾，在位十二年便去世了，世宗传位第四子，史称高宗。高宗时代帝国进入全盛时期，不过我认为所谓的全盛时期，只不过是由于国内环境较为和平，人口与耕地面积快速增长，造成了相对繁荣的假象，繁荣的

背后是制度与文化思想的严重滞后，大西国仍在闭
关锁国中沉浸于天朝上国的美梦。此时外面的世界
已经开始发生翻天覆地的变化，英国通过了权利宣
言，法国大革命在如火如荼的进行着，华盛顿也已
经带领美国人打赢了独立战争，资本主义社会所提
倡的普世价值开始代替传统社会的等级特权思想，
而此时大西国的皇权却达到巅峰，膨胀的皇权把天
下人都变成奴隶。大西国皇帝以天朝上国自居，盲
目满足于现状，认为其他国家都是蛮夷，他们的科
学技术不过是奇技淫巧。高宗八十岁大寿之机，英
国大使来访，希望和大西国通商并建立平等的外交
关系，却因为礼仪之争闹的很不愉快，高宗让英国
使臣行三拜九叩之礼，他认为普天之下都是王土，
而英国使臣则认为有辱国格，大西国就这样失去了
与外面世界接触的机会。时间来到第八任皇帝宣宗，
当大西国统治者仍沉醉在天朝上国的美梦之时，列
强的坚船利炮敲醒了大西国的黄粱美梦，事件的起
因是大西国派大臣销毁了英国出口的鸦片，这使英
国非常生气，为了打开大西国市场，便对这个衰落
的帝国发起进攻。宣宗认为天朝战无不胜，但事与

愿违，大西国军队屡战屡败，这让宣宗颜面扫地，为了维持统治只能委屈和谈，大西国与英国签订了第一个不平等条约，大西国赔偿英国鸦片费、军费、债务费，并租借领土与开放港口通商，这下大西国人民生活更加艰难，人民没有任何政治权利，却要为统治阶层的腐朽买单，赔款加剧了统治阶层对人民的剥削，专制帝国的恶性循环又开始了。走投无路的老百姓揭竿而起反抗暴政，国内爆发了声势浩大的农民起义，这次起义还利用了宗教特点，想建立起人人平等的"大同社会"，但实际来看仍是披着宗教外衣的专制政权，高层内部之间的争权夺利导致起义军元气大伤，最终被镇压覆灭。继承宣宗帝位的文宗，他感觉受到列强控制有辱尊严，便下令强行搜捕英国船并焚烧英国国旗，此举引发英国的愤怒。另外一名法国传教士在大西国被杀，也引起了法国的重视。英法决定组成联军进攻大西国，联军北上攻陷了大西国的军事重地，文宗又怕威胁到自身统治，急忙向列强求和，双方便签定了条约，按照流程条约由皇帝签署，第二年在大西国首都换约，但到第二年文宗却反悔了，主要原因还是由于外国使臣见到文宗不下跪，文宗感到有损皇帝威严。
英法见谈判不成，便又出兵攻打大西国，英法联军
顺利登陆后势不可挡，文宗看到形势恶化又马上要
求和谈，但谈判过程中虽然文宗答应了所有不平等
条约，但最大的分歧仍是下跪问题，英国谈判代表
拒不下跪，这让文宗恼羞成怒，堂堂大西国皇帝，
怎么能和蛮夷平起平坐?文宗便下令拘捕谈判使团
并押回首都听候发落。英法得知后立即挥师攻入大
西国首都，文宗逃跑后释放了人质，但人质本来有
三十九人，而幸存下来的只剩十九人，这比战场死
亡率还高，原来囚犯在监狱受到粗暴对待非死即伤，
还有一位英国记者惨遭肢解。这个事件在英法国内
产生巨大震动，英国方面迅速召开会议，纷纷表示
要给大西国皇帝一些颜色看看，英国将领认为，人
质是在大西国首都受到虐待，那么就把皇帝的私家
皇园夷为平地，于是英法联军把皇帝的私家皇园洗
劫一空并放火焚烧，文宗为他的愚昧付出了代价，
他也在避暑山庄的纸醉金迷中死去。文宗去世后，
他唯一的儿子继承了皇位，但太后却成为大西国的
实际统治者。太后召集群臣总结了经验教训，改革

派认为大西国武器装备落后才败给了列强，只要提高军事能力，则又可以恢复昔日的天朝上国，太后则开始重用改革派，购买列强武器装备，梦想着伟大复兴。英法联军和大西国战争期间，俄国也趁火打劫，逼迫大西国签订不平等条约，强占了大西国大量领土。帝国在"自强"的口号下，军事实力得到一定提升，但此时日本却对大西国虎视眈眈，准备随时找机会入侵大西国，日本自古以来深受大西国文化熏陶，但资源匮乏与国土狭小的日本，有着很强的忧患意识，善于学习先进的文化来谋求生存。日本在黑船事件后，统治阶层立马认识到自身的落后，自上而下的发动改革，日本积极引进西方科学技术，提倡文化开明，学习西方文化并发展近代教育，资本主义也在日本蓬勃发展。此时大西国又与法国发生战争，由于皇帝只想维持统治，在打了胜仗的情况下也签订了不平等条约，民间传言"法国不胜而胜，大西国不败而败。"日本政府看到如此昏庸无能的大西国，便发动了一场赌上国运的战争，大西国和日本的战争爆发了，虽然大西国购买了先进的舰船，但由于作战理念落后与士兵军事素质低下，军饷也被腐败的官僚层层克扣，舰船炮弹里竟然有很多哑弹。在这种情况下，大西国海军被日本打的全军覆没，大西国统治阶层彻底惶恐了，他们没想到一个小小的岛国，竟然敢举全国之力来攻打大西国，他们自以为购买了先进的武器装备就能抵御外敌，却没想到败的如此之快、如此之彻底。大西国太后为了维持统治，只能又向日本割地赔款，这次赔款金额数目巨大，老百姓的负担更加沉重了，但对太后来说根本无所谓，因为赔款反正不是自己口袋里的钱，她仍然可以逍遥的当太后。此时大西国有些知识分子想效仿日本，从制度上进行改革，知识分子说服了没有实权的皇帝，但改革触动到地主阶级利益而遭到强烈抵制，更何况大西国已经延续了两千多年专制社会，专制文化根深蒂固，所以变法很快就失败了。大西国仍然维持着腐朽统治，此时的帝国已经奄奄一息，不堪暴政的老百姓纷纷揭竿而起，有一股起义军原本是反抗帝国的暴政，政府称起义军为"拳匪"，但起义军被镇压了几次后，起义军将口号改为"灭洋"，土匪摇身一变成为爱国者，由于列强支持皇帝的改革，这遭到太后的不满，她便对这些拳匪的行为睁一只眼闭一只眼，想利用拳匪势力牵制列强。太后开始纵容拳匪的烧杀抢掠，甚至杀害一个外国人，就给拳匪金钱上的奖励。拳匪以前反抗统治者要杀头，现在杀洋人不仅无罪还赏钱，对于这些穷困潦倒的亡命徒来说，何乐而不为呢？拳匪便开始炸毁铁路与焚烧洋人教堂，见到洋人无论男女老少，都通通杀死，甚至这帮土匪连自己的国民都不放过，用外国物品或加入洋教的国人，土匪们也认为是大西国的敌人，通通把他们残忍杀死。这期间还发生过上万拳匪围攻不足百人防守的使馆区，但硬生生围攻六十二天却未攻下的荒唐闹剧。此时列强们非常生气，纷纷下通牒要求大西国镇压拳匪并保护本国使馆。太后拒绝了列强们的要求，列强便开始集结部队准备进攻大西国，太后此时表现出捍卫自己地位的莫大勇气，不仅没有接受列强的通牒，还公开对十一国宣战。太后的操作让本来矛盾重重的列强团结一致，组成八国联军入侵大西国，联军先头部队遭遇大批拳匪阻挡，在弹药不足的情况下撤退了。太后此时仿佛看到了希望，幻想着自称刀枪不入的拳匪击退联军，但现实又让太后大失所望，列强联军在调整后，集结起来快速攻入大西国首都，这下拳匪和帝国军队再也抵挡不住纷纷溃败，太后也望风而逃，她逃跑前为了讨列强欢心与洗白自己，把罪责通通归咎于拳匪，随即便下令抓捕这些拳匪，拳匪们被送上了断头台。太后也急忙派出代表与列强和谈，列强表示这件事可以不追究太后责任，但要惩罚每一位大西国人民，要求按当时帝国总人数给列强赔钱。太后看到自己的地位保住了，列强也没有怪罪自己，顿时对列强感激涕零，表示量大西国之物力，结与国之欢心，就这样又与列强签订了不平等条约。此时日本与俄国都觊觎大西国领土，在八国联军入侵大西国时，俄国就出兵占领了大西国东北全境，但这样阻碍了日本的入侵计划。两国为了争夺大西国土地，在大西国领土上发生了战争，而大西国政府则表示中立，最终日本战胜了俄国，获得了俄国在大西国的权益，随着太后的去世与接连不断的起义，大西国王朝迎来了末日。

这是大西国最后一个王朝，我不同意把大西国的衰落都归咎于本朝代，我认为大西国的衰落不能怪某个朝代，而是历史的必然。现代社会需要经济、文化与政治的共同发展，要想改变大西国落后的面貌，就需要革旧立新。我国学校教育只片面强调列强入侵，把我们的祖国完全变成受害者，并且只是轻描淡写的去反对帝制，却不告诉后人专制的危害，这会让后代陷入误区，以为大西国的痛苦遭遇主要来自外敌入侵，只提高经济与军事能力便能强大起来，其实我国落后的根源在于文化，专制文化让我国远远落后于西方。经济的改革相对容易，因为资本主义的发展能让所有人都从中享受到好处，文化与制度的改革却对大西国来说很难，毕竟经历了两千多年专制社会，专制文化与专制体制对大西国影响非常深，但如果一个国家只追求军事、经济、科学技术的发展而文化制度滞后，这就像一个野蛮人被全副武装，那么他是不会与其他人和睦相处，他只会给别人造成威胁，就像本王朝与列强签订的不平等条约一样，确实列强逼迫大西国签订了不平等条约，侵犯了大西国主权，但大西国也从没想着平等的对待列强，在强调等级与身份的专制帝国里缺乏平等的基础，大西国皇帝也一直认为其他国家不过是自己的附庸，大西国统治阶层的脑海里从来就没有平等，那么平等的谈判也绝不可能成功，这其实就和做人一样，我们在要求别人平等对待自己的同时，首先要学会平等的对待他人。

15. 大西国古代史的总结

我认为大西国历朝历代就像赌场的庄家一样轮流坐庄，朝代的更迭只是换了庄家，而没有改变规则。从我国专制帝国的历史来看，每个帝国灭亡的原因都大同小异，每个王朝后期往往都土地兼并严重，财富越来越集中到少数权贵手里，农民失去土地成为流民，穷困潦倒的平民只能为了生存去造反，帝国又为了维持统治而不断镇压起义，但解决不了根本矛盾，最后政府的收入来源越来越少，维持统治的成本却越来越高，从而加速王朝覆灭。历朝历代的开国皇帝虽然都在总结前朝灭亡的经验教训，但都没有找到造成帝国灭亡的根源，国家不属于皇帝，而属于天下人，只有从专制走向民主，才能脱离帝国周期性灭亡的死循环。那么到底是什么因素导致我国的专制如此根深蒂固，我就来分析一下其中的原因。首先从地理因素来说，由于大西国中原地区土地肥沃，气温、雨水皆利于农业的发展，所以大西国自从发明了铁器后，农业便得到充分的发展。在这种条件下，大西国地主阶层的势力非常稳固，偏重农业发展几乎成为历代王朝的基本国策，大西国的地理位置也相对独立与封闭，东面是大海，西北面是戈壁与沙漠，西南是高原，形成一个较为封闭的圈子，封闭的地理因素让大西国文明延绵不绝的同时，也让大西国难以接触到外来先进文化，这也就让大西国止步于自己的农耕文明。由于自给自足的农业不需要商业的自由平等，而更加注重人对人的依附，如子女对父母的依附、妻子对丈夫的依附、农民对地主的依附，大西国的君主专制就是这种依附的延续，皇帝拥有最高权威，国家都是君主的家产，所有人都必须依附于皇帝。此外还有一点，我国专制帝国的主要威胁是北方游牧民族，游牧民族全民皆兵，大西国任何一个省份都难以独自抵抗，只有举全国之力才有可能抵御游牧民族的入侵，大西国之所以被游牧民族多次侵略而未亡国，主要原因就是大一统下的帝国有着很强的动员与协调能力，而且小农经济的脆弱性与分散性，要维持生产的正常运行，也离不开国家的统一管理。在内因与外因的共同促使下，大西国便逐渐在文化、经济、政治、军事上高度集中，形成大一统理念。我认为可以引以为傲的说，大一统让祖国多次成功抵御了游牧民族的侵略，并且扩大了领土与维持了国家的统一，但又不得不承认，大一统理念让专制不断加深，专制的加深阻碍了大西国文明的进步。大一统理念的副作用非常大，高度集中的权力让整个社会都在为政治服务，专制程度的加深在帝国里就表现为皇权的强化，不断强化的皇权让制约它的权力不断削弱，在专制帝国里对皇权威胁最大的是相权，所以从大西国历史的时间轴来看，相权在不断弱化，但我想说不仅是宰相的地位在降低，因为相权不仅代表着宰相的权力，相权还代表着整个官僚集团的势力，大西国的专制最终把所有人都变成了皇权的奴隶，而皇帝本身也不自由，他不过也是权力的奴隶罢了。这让我不经想起卢梭先生在《社会契约论》的名言："人是生而自由，却无往不在枷锁之中。自以为是其他一切的主人，反而比其他一切更奴隶。"[1]大西国经历了数次大一统和数次大分裂时期，出现了近五百位皇帝，但维持大一统一般超不过三百年，短命的大一统王朝更是数年内便灭亡，专制统治下的压迫与剥削，成为了帝国灭亡的催命符。自从始皇帝以后大一统帝国都采用中央集权下的君主专制，我想说中央集权下的君主专制只是强行把国家统一，只要仍施行专制统治，那么分裂只是早晚的事情。中央集权的君主专制下，中央对地方严格控制，地方就失去了很多自主权，虽然这样有利于集中统一管理，但事实上却严重阻碍了地方发展，因为地方根本无法因地制宜的进行治理。皇帝高高在上，不可能全面了解地方情况，而且每个地方情况各不相同，这时制定全国通用的政策很容易出现弊政。其次，中央牢牢掌握地方官吏的任免、监督与考核，这样最大的弊端是缺乏民主，官僚只需对上司负责而不需对老百姓负责，当老百姓的利益与上级指示有冲突时，毫无疑问会牺牲老百姓的利益。专制体制也造成官僚能力低下，

---

[1]【法】卢梭：《社会契约论》，何兆武译，商务印书馆1980年版，第8页。

培养出来多是阿谀奉承的官僚，而培养不出有抱负与能力的政治家。专制体制由于权力过大与缺乏监督，又极易发生贪污腐败，像大西国这样的大国，很容易造成层层克扣与官官相护的集体腐败。再说君主专制，皇帝在享受无边权力的同时也遭受到很大风险，首先独裁对领袖个人能力要求很高，领袖的一个错误决策可能会给国家带来严重灾难，由于缺乏纠错机制，除非领袖自我悔改，否则错误往往将一错再错下去。其次，政权的每一次更迭都有非常大的风险性，因为缺乏民主选举机制，只能通过暴力途径获取最高权力，这样每一次政权的更迭都有可能面临血雨腥风。我认为大西国历史恰恰告诉我们，大西国在专制下的中央集权根本无法维持长期繁荣，几千年内的专制帝国数次更迭，难道还不能够说明问题吗？权力永远和责任对等，专制政权只想拥有无限的权力而不想对人民负责，政权也不可能维持长久的统治。文化上大一统也要求统一思想，所以大西国从第二个帝国开始独尊儒教，儒教不信神也不信仙，而更加注重世俗社会，强调建立起长幼尊卑的等级社会，着重研究人与人之间的关系，这也就阻碍了科学技术的进步。在儒教的影响下，专制帝国时期人民的主流信仰不是各路神仙，而是自己的祖宗，光宗耀祖是人们的毕生所愿，没有什么比给祖上蒙羞更耻辱，人们骂人更喜欢带上本人的长辈，以此达到羞辱的目的。儒教的精神控制也很管用，历史中很多手握重兵的权臣仍不敢迈出最后一步称帝，因为儒教告诉人们名不正则言不顺，篡位就是大逆不道。儒教经过几次修正，早已偏离了原教义，变的越来越符合专制，比如民贵君轻这类话便删除了，取而代之的是三纲五常，存天理、灭人欲，加强了对人们的精神控制，儒教所提倡的德治在我国文化中根深蒂固，德治强调依靠提高个人道德素质，将遵守社会秩序及其行为规范变成一种自觉，儒教让官僚自觉提高自身道德素质，以此来治理国家。这完全是不现实的，因为靠自己提升道德就是自己约束自己，面对能满足自身欲望的权力，没几个人能经得起诱惑。人性的缺点不可避免造成权力的滥用，所以无论是以前的专制帝国还是当今的大西国，官僚都是前仆后继的腐败，这种腐败是制度性腐败，只要不对权力进行约束，那么腐败永远不会消失。有多少人刚开始还是清正廉洁，但根本经不住种种诱惑，由于位高权重，身边的人也会想方设法拉拢腐蚀，根本防不胜防，究其根源还是绝对的权力，导致绝对的腐败。儒教是专制帝国用来维护统治的工具，所以儒教与现代文明所提倡的普世价值格格不入，儒教强调建立起等级森严的社会，把人生来就分为三六九等，又压抑人性与钳制思想，让人民少了血性多了奴性，把人们变成逆来顺受的臣民而非拥有独立人格的公民。总而言之，如果用一句话来总结大西国文明衰落的根源，那就是我国大一统理念与自由文化背道而驰，专制的不断加深最终导致大西国文明的衰落。如今的统治阶层为了和过去划清界限，把曾经的落后全部归咎于封建，比如常说封建迷信与封建余毒，我认为这是在混淆视听与做贼心虚，完全不想让国民认识到国家落后的根源。封建制在历史上有很多形式，其中最主要的特征就是君主把土地分封给贵族，贵族获得土地后拥有高度自治与世袭的权利，君主有义务保护自己的封臣，同样封臣也要效忠于君主，我国最符合封建社会特征的是第三个王朝，在始皇帝统一全国后，虽然后续朝代也有部分封建制的特点，但随着时间的推移皇权在不断加强，更为凸出的是中央集权下的君主专制，所以不应该把封建滥用与污名化，我在本书中也用"专制帝国"来代替"封建帝国"。有些人可能会说，封建是指经济关系而非政治关系，只要存在以土地进行剥削关系，就可以说是封建社会，我认为这样说也有道理，不过按照这种定义的话，我国目前仍没有脱离封建社会，当今国内有着数不清的房奴，这不合理的房价难道不是拿土地进行剥削吗？经济上的剥削是由于政治上的专制，所以专制帝国的衰落不是由于封建而是由于专制，专制才是导致国家衰落的罪魁祸首。

第二节 大西国的近现代史

1. 近代之路

早在大西帝国摇摇欲坠之时，远在美国檀香山的一位有志青年，就建立起近代大西国第一个革命团体，后来革命团体演变为国民党。这位有志青年最终推翻了大西国王朝，被后世追认为国父，但革命并不彻底，为了逼迫皇帝退位，国父和一位军阀妥协，最终让这位军阀当上了国家总统。谁知这位总统支持革命只是权宜之计，他无时无刻都做着皇帝梦，总统又恢复了帝制，坐上了皇帝的宝座。倒行逆施必然遭到各方反对，这位皇帝只当了八十三天便又取消了帝制，带着自己的皇帝梦离开了人世。这时外面的世界也发生着翻天覆地的变化，新老资本主义国家为了抢夺殖民地，爆发了第一次世界大战，结果是协约国战胜了同盟国，协约国胜利后举行巴黎和会进行分赃，把原本同盟国的殖民地进行平分，并且给战败的德国设置了很多不平等条约，这引起了德国人的仇恨，为第二次世界大战埋下隐患，正如法国福煦将军所预言的那样："这不是和平，而是二十年的休战。"巴黎和会把原本德国控制的大西国地盘划分给日本，这引发大西国人民的愤慨，因反对这一行为，大西国以学生为主的爱国人士在国内进行游行示威，在强大的舆论压力下，本想妥协的政府最终拒绝在合约上签字。第一次世界大战期间又诞生了一种全新的政治制度，叫做社会主义制度。社会主义的马列思想开始在大西国传播，无产党也在大西国成立，此时的大西国又进入分裂时期，地方军阀拥兵自重，国父先后发动了几次革命都未成功，他便决定联俄联共，国民党与无产党开始合作，国民党决定北伐统一大西国，但就在此时国父去世了，原军校校长成为国民党党魁。在北伐取得一定胜利成果之时，校长突然决定清党，大肆迫害无产党派人士，大西国自古以来都是一山不容二虎，无产党也开始组建起自己的军队，之后国民党取得了大西国的统治权，但无产党一直都未被彻底剿灭。正当两个党派打的不可开交之时，日本在第一次世界大战之后实力大增，野心也开始膨胀，日本在出兵占领朝鲜后，便把矛头指向大西国，悍然发动了对大西国的侵略。校长认为攘外必先安内，坚持要把无产党彻底消灭后再对付日本，但在日本侵略的步步紧逼与国内抗日情绪高涨的情况下，国民党军队哗变，扣押了校长并强迫其联共抗日，国共开始第二次合作，共同抵御日本的侵略。国民党军队主要负责正面战场，在与日本军队作战中付出了重大伤亡，无产党主要负责敌后战场，对日本占领区进行骚扰袭击，最终在我国付出三千五百万伤亡的代价下，日本投降了。抗日战争胜利后，美国派出代表希望两党能建立起联合政府，但美国人完全不了解我国的国情，大西国深受专制文化影响，字典里根本没有妥协与平等，只有胜利与失败，两党都想消灭对方，赢得大西国的统治权。多年的战争让国民党元气大伤，党派的腐化更是加剧了国家的衰落，由于调停失败，美国便放弃援助国民党，而无产党这边却通过联合广大农民与工人，士兵得到源源不断的补充，苏联又提供给无产党军事援助，并把缴获的大量日军武器交付给无产党，就这样无产党势力越来越大，实力的天平开始向无产党倾斜，最终无产党基本统一了全国，国民党退守南方岛屿。

从大西帝国崩溃到再次统一之间，这个短暂的分裂时期非常重要，因为这个时期是大西国古今之变的重要转型期，决定着大西国未来的走向，从这个时期也可以看出，大西国的转型之路艰难曲折，这一方面是由于大西国的小农经济仍是主流，而且大西国专制文化根深蒂固，这些都不是一朝一夕能改变的，无产党联合工人与农民夺权无疑很成功，但至今也没有给予他们应有的权利，显然正如国父所说的那样："革命尚未成功，同志们还需努力。"

2. 红色政权的社会主义探索

无产党统治了大西国，开国主席由于以前当过教员，所以现在为了规避网上审查，都称他为教员。建国后不久便爆发了朝鲜战争，为了让大西国周边多一个红色政权，教员力排众议决定出兵，大西国最终和联合国军打成平手，各自退回到战争前势力范围，但大西国也由此受到国际社会的长期孤立，大西国在外交政策上只能全面倒向苏联，这场战争最大的受益方无疑是苏联。战争结束后，大西国的开国元勋们认为彻底告别旧时代，坚信社会主义是人类最先进的制度，开始谋划如何让大西国快速步入社会主义，刚开始主要模仿苏联模式，优先发展重工业与进行土地改革，把地主土地没收并分给农民，但农民只有经营权而没有归属权，土地归国家所有。城市的私人企业则采取公私合营，让资本家

"自愿"交出经营管理权，这样国家便完全掌控了经济。教员信心满满的准备带领大西国进入社会主义，并计划在十五年之内超英赶美，地方政府"精准"的落实了中央指示，全国兴起了大跃进运动，老百姓吃不饱饭也要砸锅卖铁来炼钢，农业上号称亩产万斤，正所谓"人有多大胆，地有多大产。"主席听到各地"捷报"后非常高兴，在一片吹捧声中让教员坚信国家将会在自己的统治下复兴，但此时他的认知已经严重脱离了实际。就在教员还沉醉于自己创造的"盛世"之中，大西国由于政策原因导致庄稼歉收，这时又遭遇大旱，粮食产量急剧减少，教员仍没有意识到问题的严重性，还在对外出口粮食，在三分天灾，七分人祸的情况下爆发了严重的饥荒，大西国老百姓食不果腹，只能挖草根、嚼树皮、吃皮带，甚至易子相食。发生如此惨剧后，当地官员第一反应竟是限制灾民流动，试图掩盖真相。灾民数量越来越多，饿死的老百姓也越来越多，保守估计非正常死亡人口都达到千万级别，当时的主席下乡视察后发现了问题的严重性，想马上改革纠正错误，并得出三分天灾七分人祸的结论，他回去对教员说道："饿死这么多人，历史要写上你我的，人相食要上书"。这让教员非常震怒，他仍然相信自己的道路是正确的，而且这次危机让教员感到权力受到挑战，为了让自己的政策更好执行下去，也是为了稳固权力，他害怕死后会和苏联斯大林一样遭到清算，所以决定发动一场革命，揪出睡在身边的赫鲁晓夫。很快主席就被撤职查办，他手握宪法却被"爱国"群众团团围住，此时的法律已经没有任何作用。主席是造神运动的受害者，但教员被捧成神，他也有不可推卸的责任，他把反对自己的人定性为反党集团打倒，殊不知自己最终也将成为反党集团，只能说雪崩的时候，没有一片雪花无辜，雪花即是受害者也是施暴者。就这样自发拥护教员的"爱国"群众到处打砸抢烧，儿子打父亲、学生斗老师，在这个时期屡见不鲜。"爱国"群众对教员有着近乎疯狂的崇拜，狂热的个人崇拜让他们失去理性，打着拥护教员的旗号肆意妄为，此时的教员也变成孤家寡人，因为在他身边已经听不到一句真话，他亲自指定的接班人也背叛了他，妄图想要提前接班，在阴谋被发现后仓皇出逃坠机而亡。教员也因此心力交瘁，身体一日不如一日，最终在国家的一片混乱中与世长辞。

从建国到教员与世长辞是红色政权的第一阶段，我相信红色政权的开国元勋们是社会主义的忠实信徒，但他们并不了解社会主义完全违背了客观规律，注定是要失败的。社会主义不可能把人人都变的富裕，而只能把人人变的一样贫穷，所以与其说是共产党，不如说是无产党，社会主义生根发芽的地方都是贫穷的土地，只因解放广大无产阶级这个口号太诱人，不明真相的无产阶级帮助一小部分人获得权力后，才发现自己仍生活在水深火热之中，而且社会主义习惯动用一切力量维持统治，政治对社会进行全面干预，这很容易让国家走向极权主义的道路。我国之所以选择了社会主义，我认为也是历史的必然，因为社会主义更加适应专制文化，专制文化总在变着法折磨着大西国人民，不难看出从十年动乱中有拳匪和文字狱的影子，而所谓的反党集团就像专制帝国时期的谋反罪，专制下的独裁者很难容下不同声音，缺乏民主也只能通过你死我活的权力斗争进行一轮又一轮的政治洗牌。

3. 艰难曲折的改革之路

教员去世后，教员指定的接班人想继续走教员的老路，凡是教员作出的决策都坚决维护，凡是教员的指示都始终不渝地遵循，这引起大西国部分高层的不满，最终原总理重新出山稳定了局面，成为大西国的核心领导人，他认为要想改变大西国落后的面貌，就必须以经济建设为中心，他便对内改革与对外开放，由于这些务实的改革让大西国经济逐渐好转，他也被称为改革开放的总设计师。设计师年事已高便退居二线，他让改革派去执行这些政策，新上任的书记和总理更像是总工程师，由他们来决定具体怎么干，经济上的市场改革取得了成功，因为几乎所有阶层都从中得到了好处，但政治改革却出现了问题，书记一方面平反了大量冤假错案，高层对此表示支持，但另一方面书记想废除领导终身制与实现少数民族省份自治，这可引起了轩然大波，遭到高层内部的强烈不满与反对，他们认为书记的民族政策会让大西国分裂，而废除终身制等同于向元老们夺权，同时期的社会主义国家由于体制弊端纷纷倒台。这时大西国的体制性弊端也日益凸显，在世界大背景和大西国的小气候下，高校学生、知识分子与爱国群众表达了对社会现状的强烈不满，纷纷开始在各地游行示威，他们支持民主自由，反对专制腐败。本来元老们就因为书记的改革触动到自身利益而不满，这时便开始指责书记，并借开生活会的名义罢免了书记，不久后书记就突发心脏病去世，总理接替了书记的位置。书记虽然去世，但为了纪念心向人民的好书记，学生们又开始举行声势浩大的游行活动，以此来表示对书记的怀念。学生运动愈演愈烈，甚至占领了首都广场，并用静坐绝食的方法逼迫当局进行政治改革，这时高层内部分为两派，保守派主张镇压学生运动并拒绝政治改革，而改革派则希望能和平解决学生运动，保留改革成果。大西国的总设计师此时又拍板定案，把这场爱国学生运动定义为"反革命"，并且认为学生勾结境外势力，企图颠覆红色政权，高层决定动用武力镇压学生运动。就在军队进行武力清场前，刚继任不久的书记很同情学生运动，他亲自来到现场，他也知道这样做自己的政治生涯即将结束，他便对学生们说道："我老了，无所谓了，你们还年轻赶紧离开，不要白白牺牲。"学生们被书记诚恳的语言所感动，声泪俱下纷纷请求书记签名留念，之后部分学生离开，但剩下的学生决定将抗议进行到底。夜里军队开始清场，枪声响起的那一刻，大西国的民主之路也被封死，轰轰烈烈的学生运动失败了，同情学生运动的书记被囚禁至死，专制的灾难将继续在大西国延续。

经历了教员极权统治下的种种灾难后，大西国高层并没有纠正引发灾难的根源，大西国几千年的专制社会都在告诫我们，那不受控制的权力是万恶之源，大西国仍只进行了经济改革而拒绝政治改革，政治改革虽然不是一朝一夕就能成功，但逐步有序的改革也并非没有希望。学生运动的失败我认为也在意料之中，因为大西国此时并没有做好政治改革的准备，经济的落后导致几亿人口还处于温饱线，对这些人来说自由民主还是奢饰品，另外在经历了两千年专制社会与刚结束不久的独裁统治后，大多数人思想还未发生转变，此时红色政权也不会轻易交出权力，所以学生运动的初心虽好却注定失败，反而过于激进的学生运动让大西国政治改革陷入停滞，当时的书记与总理是党派里为数不多有良知的政治家，他们是大西国的好领袖，但终究输给了体制，人民将永远记住他们对大西国做出的杰出贡献。学生运动虽然也失败并遭到彻底封杀，但这更加说明统治阶层内心有鬼，他们怕民众得知真相后遭到清算，但总有一天真相会被公布于众，有些人会被人民唾弃，有些人将永远被人民所铭记。

4. 专制下的资本主义

　　学生运动后大西国党内保守派占据上风，他们把爆发学生运动的原因归咎于改革开放，国家此时又面临闭关锁国的风险，大西国再次走到十字路口。这时总设计师又出来拍板定案，他说道："不坚持社会主义、不坚持改革开放、不发展经济改善老百姓生活，只能是死路一条。"这句简短的话，就是大西国持续至今的发展模式，即在不进行政治体制改革的前提下，进行有限的市场化改革。改革后政府最大的贡献不是做了什么，而是政府放弃对经济的过度干预，逐步建立起市场经济体系。大西国拥有众多人口与丰富的资源，市场经济给大西国注入了活力，这才让国家经济发展进入快车道，不过与之相伴的是分配不公与严重的贪腐。总设计师去世后，大西国总书记权力逐渐稳固，由于他在一次记者会上发飙并自称长者，从此便荣获这一称号。长者时代经济的快速增长掩盖了许多矛盾，官僚大规模经商与严重的贪腐就始于长者时代，政府也对社会的管控力度越来越大，政府对舆论、新闻、媒体进行全面干预，后期又建立网络防火墙与外部世界隔绝，还有从 70 年代开始执行，90 年代上旬执行最严格的计划生育政策，是人类史上绝无仅有对生育权的粗暴干预，强迫流产、强制上环与结扎屡见不鲜，超生罚款并失去工作的人非常多，这是对人权的严重践踏。还有人说不计划生育，国家人口过多会阻碍发展，我想说人口红利为大西国的经济发展立下汗马功劳，如果没有这么多青年劳动力，如今的房地产经济根本无法兴起，而随着城市化的进程，人们养育成本的增高与受教育程度的提升，生育意愿也会随之降低，人口数量自然而然就会下降，如今不是很多发达国家人口都是负增长吗？人为管控生育就像计划经济一样，违背了客观规律反而弄巧成拙，如今计划生育的恶果已经开始显现，劳动力发生断崖式下跌，政府现在才想起开放二胎，但效果却很差，年轻人都不愿生育，再说如今人们的觉悟也提高了，我们这代平民都活的非常艰难，难道还要让后代再经历一遍同样的生活吗？再说回长者，长者时代分为实际统治时期与垂帘听政时期，长者接任之初权力的核心仍是总设计师，在他去世后，长者的权力才逐渐稳固，在换届后长者虽然退居二线，但仍掌握军权，大西国第四代领导人几乎被架空。那时大西国权力较为分散，便形成九龙治水的局面，高层内部为了争权夺利矛盾重重，第四代领导人时期体制性弊端日益凸显，贫富差距越来越大，社会矛盾频频爆发。大西国的基尼系数也早已超过警戒线，因此西北与西南两个少数民族省会先后爆发骚乱，但当局不但没有改善少数民族的生活质量，反而去同化压迫少数民族，让高压维稳成为常态，用暴力来强行维持社会稳定。大西国的权力斗争到换届时进入白热化阶段，退休的两位军委副主席先后落马，前任中央政法委书记也被查，第五代领袖的热门候选人，也因为手下的公安局长叛逃美领馆，造成自己的政治生涯画上了句号，至于为什么要叛逃美领馆，我认为在大西国现行体制下，他即使跑到首都又有什么用呢？可能也会像上访人员一样被拦截，然后遭遇非法监禁，所以在专制体制下，无论平民还是官僚都是权力的受害者。

第三代与第四代领导人统治期间，资本主义在国内得到一定发展，经济的快速增长掩盖了体制的许多弊端，这就给人们造成一种错觉，好像大西国的专制能给社会带来繁荣，要我说专制帝国也有所谓的盛世，但盛世如凤毛麟角，专制统治下大部分时间人民都处在水深火热之中，我们不能用放大镜只盯着专制帝国昙花一现的繁荣，而不去关注专制给人民造成的持续痛苦。

5. 历史的倒车

第四代领导人不谈有多大功绩，光凭借他不留恋权力裸退，就足以证明他是一位值得尊敬的领袖，大西国来到第五代领导人统治时期。第五代领导人之所以能当上总书记，他的父亲功不可没，因为他父亲是中共八大元老之一，又较为开明的支持改革开放，但他的儿子却偏离了父亲的道路。关于第五代领导人的称呼，正如网上所说的那样，总加速师是他当之无愧的称号，自从他上台以后，一切都在加速，政治上倒退加速、经济上衰退加速、文化思想上禁锢加速，并且网上敏感词越来越多，对社会管控也越来越严，大西国和民主国家的关系也加速恶化。这一切的一切都说明，国家在总加速师的带领下疯狂开倒车，就这样加速师还自称开辟了一条特色社会主义道路。这里我想吐槽一下，我国每一代核心领袖都自成一套思想体系,并大肆宣扬让后世学习,那么想想一百年后的国人真是累,政治课要活到老学到老了,我想说社会的发展不是靠你们这些官僚做了什么,而是就怕你们事事亲自指挥、亲自部署。加速师上任之初借反腐之名排除异己,专制体制下腐败是常态,清廉的官员反而凤毛麟角,大多数官员都经不起查,加速师上台后前任两位军委副主席都先后落马,那么整个军队系统还能干净吗?之后前任中央政法委书记也腐败落马,那么司法机构还能维持公平与伸张正义吗?我国整个官僚体系早已腐败不堪,官僚落马只是站错队或靠山倒了而已,加速师仅仅是借着反腐之名打击政敌,既可以收获民心又可以排除异己,真是一举两得。随着高官不断落马,加速师的权力也越发稳固,但国家整体已经开始走下坡路。加速师的首个任期内经济增长已明显放缓,大西国的专制体制是阻碍经济进一步发展的主要原因,加速师却仍然我行我素倒行逆施,让国家垄断经济占比越来越高,后期他又亲自指挥想建立内循环经济,建设国营大食堂,并逐渐把互联网民企国有化,有些地区甚至给规模大的民企派书记，这一切都在表明加速师想重回老路。

先来说说加速师统治下的经济，红色政权享受了加入世界贸易组织的好处，却不想履行当初白纸黑字签订的部分内容，如逐步开放银行、保险、旅游与电信等市场。政府说开放这些行业会威胁到国家安全，我想说这纯粹是个借口，不开放这些行业，最主要的原因是阻碍了权贵们赚钱，难道他们所说的安全就是靠垄断市场来压榨消费者吗？我认为只要监管到位，百花齐放肯定比一家独大好，不要打着安全的名义而去让权贵们敛财。当今我国有些服务行业赚着老百姓的钱，服务态度与办事效率却非常差劲，如果不靠垄断早就关门大吉了。统治阶层在国内不守规矩横行霸道，但在国际社会上其他国家可不吃这一套，加速师的第二个任期里，商人出生的美国总统并不想让大西国再占便宜，由于大西国许多行业尚未按照承诺对外开放，又在一些进口商品设置了高昂关税，从而人为造成贸易顺差过大，美国总统很不高兴，便爆发了中美贸易战。国内新闻铺天盖地的报导贸易战导致美国损失惨重，美国搬起石头砸自己的脚，这纯属是自我安慰连基本常识都没搞清楚，大西国对美国是贸易顺差，就说明出口给美国的商品比进口多，那么怎么算也不会是美国损失更大。如今大西国甚至补贴亏损企业也要维持出口，即使产能过剩也要扩大出口，一来政府可以防止这些企业倒闭并维持 GDP 增长，二来靠出口扩大国际市场占有率，让外国增加对大西国的依赖度。我认为与其说大西国产能过剩，不如说是国富民穷消化不了产能，靠补贴续命的方式也无异于饮鸩止渴，不仅会使本国经济结构进一步畸形，而且扰乱了国际市场，真正才是搬起石头砸了自己的脚。加速师任期内还热衷于对内脱贫攻坚，对外一带一路。我想说不正是由于专制统治下特权横行与贪污腐败，才导致人民富裕不起来吗？许多人一听扶贫，就认为救济穷人肯定是善政，而我认为国家层面想要消灭贫困非常愚蠢，首先贫困是相对的而不是绝对的。随着经济的发展，贫困的标准也理应提升，这样总有一部分人处于贫困状态，国家想要人人都脱离贫困，就像实现共产主义一样虚无缥缈。与其关注消灭贫困，不如关心如何建立起公平透明的市场环境，在公平的自由竞争下才能让经济充满活力，并在民主与法治的保障下让政治更加清明，杜绝特权与贪污腐败对经济的伤害，这样便能造福全体国民，国家只需要保障贫困人员的基本生存即可，而不需要保证人人脱贫，懒惰与挥霍造成的贫穷，最终也只能靠自身改变。加速师只关注小部分人脱贫，而全然不顾畸形市场造成国进民退的恶劣影响，这完全是捡了芝麻丢了西瓜，不去解决问题的根源，最终只能和反腐一样治标不治本。还有一带一路政策，我认为国家与国家之间的经济交流只是一方面，更重要是文化与制度的互相认同，大西国目前在国际社会上就像一个异类，因为社会主义早已在世界舞台上没有了市场，专制体制也不得人心，国际社会的主流价值理念是普世价值，而大西国统治阶层对普世价值嗤之以鼻。面对国际上的纠纷，自称爱好和平与负责任的大西国，实际毫无原则充当老好人，和自己利益无关就会说一些不痛不痒的话，而损害到自身利益就会说最狠的话，挨最毒的打。比如佩洛西事件媒体大肆宣扬，外交部发言人甚至放下狠话让其拭目以待，结果还是不了了之，这些行为注定我国只能收买几个建立在金钱关系上的酒肉朋友，而没有处于共同价值的牢固关系朋友。

　　加速师集权后把经济搞得一团糟，政治方面也是如此，2019 年中旬在特别行政区爆发了修例风波，特区由于受英国影响非常大，对自由民主的追求远大于国内其他地区，大西国高层本来同意让特区民主选举，但在具体落实中却一拖再拖，这让特区人民非常生气，而大西国高层非但不履行承诺，还准备干预特区司法，试图立法允许把特区犯罪嫌疑人送到内地审判。前面说过大西国前中央政法委书记都落马了，整个司法系统早已腐败不堪，受政府干预的司法机构也绝不可能公平，已经步入法治化的特区人民，肯定不同意接受内地审判，纷纷上街大规模游行表示不满。游行不久后虽然政府终止了逃犯条例，但特区人民想进一步争取民主。专制和民主本身就是天敌，一国两制只是大西国高层的权宜之计，当今大西国高层再也不能容忍特区的民主化趋势，因为民主后必会削弱红色政权对特区的影响力，而且其他地方也可能会效仿特区，所以高层坚决打压特区的民主化运动，把和平游行说成暴力动乱。需要说明游行人群中绝大多数都是以和平方式进行，但由于人数众多达到百万级别，总有个别激进分子制造暴力事端，这些制造暴力事端的激进分子应当受到法律的制裁，但个别不能代表大多数，个别人理应与大多数和平游行的群众分开。如果政府将大多数人都定义为暴徒，那么只有一种可能，就是正在施行暴政，并且之后特区的区议会选举中建制派大败，泛民派大胜，足以可见人心向背。大西国高层却不为所动，加速师强推国安法，一国两制至此终结，特区民主化运动失败了。没有了法治，也就没有公平透明的市场环境，这让特区失去了世界第三金融中心的地位，特区股市一度跌到回归前水平。

　　大西国高层遥控特区设立反蒙面法，用来惩戒游行戴口罩与蒙面的示威者，但是造化弄人，一场突如其来的天灾即将让整个大西国人民戴上口罩。一种新型冠状病毒在大西国海鲜市场爆发，并逐渐蔓延到全世界。这次新冠肺炎的流行真是一面照妖镜，把自由与奴役、真相与谎言、理性与愚昧，都在专制与民主的两种制度中体现的淋漓尽致。首先在病毒溯源问题上，虽然目前尚无定论，但最早开始大流行肯定是在国内的海鲜市场，大西国却开动舆论机器称病毒起源于美国，其实根本经不起推敲。首先如果美国的电子烟肺病、季节性流感真是新冠，那么在美国流行了几个月后不可能医院检测不出来。第二，这次新冠病毒拥有很强的传染性，肯定会引发大量医护人员感染，但在美国没有发生。第三，如果新冠真的先在美国大流行，那么和美国密切往来的其他国家人员必然也会相继感染，就算美国没有检测出来，那么其他国家也会相继发现，就像大西国前期虽然瞒报疫情，但在大西国前往日本与韩国的航班旅客中相继检测出新冠病毒，从这三点简单的推理中就可以得出美国起源论站不住脚，但可悲是在大西国媒体的洗脑下，有些人就像得了被害妄想症一样，天天觉得帝国主义亡我之心不死。我认为病毒起源问题将永远成为谜团。大西国是不可能让外国调查最早爆发的地区，大西国高层肯定也早已知晓此事，那么一旦外国发现大西国瞒报疫情，必会追究大西国责任，所以大西国势必会掩盖病毒起源问题，不然也不会对世卫调查百般阻挠，这就和西北地区的"培训中心"一样，没有问题为何要遮遮掩掩？为什么不能公开透明的让人们调查？越是遮掩越说明心中有鬼，并且政府在爆发地先后逮捕了几位公民记者，此举更是此地无银三百两，至今还有一位公民记者音信全无，这位公民记者叫陈秋实，我本人也被他敢于为民请命和不畏强权的精神所深深感动，他是当之无愧的人民英雄。在大西国的专制体制下，容不下任何反对声音，媒体也成为政府的喉舌，因此媒体的报导根本没有理性，也不存在原则。比如世卫总干事疫情之初帮大西国说话，媒体就说他是大西国的朋友、不畏强权的斗士，后来他指责大西国政府干扰调查，媒体又说他被美国收买，成为美国的走狗，媒体则完全不关心大西国政府是否干扰世卫调查的真相。还有大西国报导的新冠病例，官方数据的首要目的是维持社会稳定，所以造假是常态，我所在的省份在疫情最严重时每天也就增长几例，可是却外溢到全国各个省份，不会因为出省人员都碰巧和这几位病例接触过吧？大西国媒体常常报导其他国家新冠死亡很多人，但要知道大西国每年普通流感照样也有近十万人丧命，而且大西国在 2022 年底放开后，在全国也造成不少老人死亡，虽然没有人统计过具体数据，但大家明显可以感觉到身边老人去世增多，因为老年人本身就可能患有多种疾病，新冠就成了催命符。大西国政府在动态清零的三年中到处封城、封小区、隔离人员，胆敢不服从者就被刑事拘留，政府在这期间又发明了许多新词，比如动态清零、静态管理、社会面清零、原则居家等等。我想说由于疫情政府可以大规模限制老百姓人身自由权，那么在没有疫情时，政府会不会也可以任意限制人民的人身自由权？政府那不受约束的权力比疫情更可怕。大西国政府对社会有着很强的管控力，这是民主国家不可比拟的，民主国家中不愿戴口罩而游行示威的民众比比皆是，政府也没有权力进行封城这种极端措施，而大西国媒体非常喜欢给其他国家贴上防疫失败的标签。外国一些专家一提群体免疫，大西国媒体马上就说外国政府对人民生命不负责与不作为，在国内某些人眼中，他们自认为民主国家也只能像大西国一样发出一种声音，这也难怪他们老觉得民主国家两面三刀。疫情之初我就认为实现群体免疫是结束疫情唯一的方法，但实现群体免疫的前提是大多数人都接种有效疫苗与新冠的重症率大幅下降，当病毒致死率下降到流感水平时，那么新冠和普通流感也就没什么区别，社会就可以完全实现正常化。大西国的动态清零肯定消灭不了病毒，要想成功除非和朝鲜一样闭关锁国。我认为极端的封城政策完全不可取，而且随着疫苗接种率的提升与病毒致死率的下降，还持续进行极端的防控政策，那只能说政治因素完全大于防疫本身了。想想也是，自诩为防疫的优等生，怎能向其他国家一样学习共存？领袖的脸面比防疫本身还重要，由于防疫封城让经济活动停滞，造成大量人员失业、商铺倒闭、物价上涨，许多家庭陷入赤贫与负债累累。我想说防疫很重要，但同样经济发展也很重要，因为防疫而让经济活动陷入停滞，无异于把人们从一场灾难中带入到另一场灾难。从历史就可以看出经济衰退与社会动荡密不可分，所以经济危机造成的危害绝不比疫情造成的危害小，大西国三年清零政策让防疫成本非常高，频繁封城并且一人确诊万人隔离，造成的经济损失难以估计。有人说大西国才是人民至上，人的生命比经济更重要。我想说人民至上本身就是个伪命题，我国多少人由于过度防疫造成疾病得不到及时救治，孕妇流产与跳楼自杀等，我想各地封城大家都听过类似事情，难道只有治疗新冠时人民生命才至上，其他疾病都不是病吗？好像只要不是由于新冠死亡，其他原因死亡都无所谓，而且没有困难也要制造困难，有些地方竟然发生没有疫情也要进行静态管理演练，这是觉得把老百姓折腾的还不够吗？官员们总把人民的安全挂到嘴边，我想说难道整个社会就只有一种安全吗？比如消防安全、财产安全、出行安全、心里健康等无数种安全，只在乎防疫这一条安全而忽视其他所有安全，这不是在保障安全而是在制造危险。长期封锁导致底层人民连生存都成问题，还谈何生命安全？长期执行严格的封锁是对人民极度的不负责，而且即使感染新冠的变种奥密克戎，大西国政府的做法是把所有感染人群都集中隔离到一起，就这样几百人群居并天天服用感冒药，等待痊愈后在放回家，这不是非常可笑的一件事吗？如此大费周章的隔离，患者却根本无需特殊治疗，而是等待自己康复。天天媒体报导欧美国家防疫不利，但人家在没有动态清零的前提下，还给老百姓发放疫情补助，国内由于动态清零让老百姓损失惨重，当局怎么不去借鉴一下给老百姓发钱呢？之后我国又对防疫政策进行调整，不再提倡全民核酸并缩短了隔离时间，我当时就觉得这种调整非常荒唐，因为病毒的传播能力越来越强，即使以前严格的防疫政策尚不能防止病毒蔓延，那么如今只是降低防疫标准而不取消动态清零，只会造成感染人数越来越多，以前的中风险变为高风险，次密接变成密接，被封控的人员只会比原来多而不会少，根本不可能既要清零又要降低防疫标准，有准备的放开是唯一道路。果然不出我所料，不到一个月防疫政策又进行了调整，二十条变成十条，彻底放弃了全民核酸，发现阳性患者也不用去方舱医院而是居家隔离。在面对全国各地一片"抗疫"的浪潮中，大西国一夜之间就实现了开放，人民日报昨天还在宣传动态清零毫不动摇，人民生命至上。结果第二天风向就变了，又开始宣传新冠毒性已大大降低，没必要施行严格的防疫政策，真是把人民当傻子一样糊弄，这就像把一个人从 ICU 直接拉进了 KTV，这真是新冠毒性变低的功劳吗？要知道早在 2022 年初奥密克戎就已经传入我国，如果不是碍于地方财政压力与各地暴力抗疫事件不断，那么绝不可能这么快突然放开，我想说我国防疫彻头彻尾就是政治凌驾于科学所引发的灾难，在我国专制文化中只有非黑即白的二极管思维，不是朋友就是敌人，而根本不会去考虑共存，所以加速师认为要么病毒消灭人类，要么人类消灭病毒，才会施行了三年的动态清零，最终由于防疫成本太高而不得不选择共存。我国从疫情之初就没有理性与科学的对待疫情，有些变脸比病毒变种还快的院士，甘愿充当政府的喉舌又想名利双收，这些人根本不配称为专家，而是误国害民的罪人。我认为只有遵循人道与科学的防疫才能让疫情的危害降到最低限度，首先我国严格的防疫政策就不人道，注意我说的是严格的防疫政策，有些国家防疫也进行部分封锁，比如施行宵禁与限制活动范围，但从来没有哪个国家像我国这样施行严格的封锁，很多地方门上贴封条，更有甚者用铁丝捆绑大门，而且居民只要下楼就面临违法，很多私自下楼的居民都被拘留 7 天。这样的结果就是为了防疫安全这一条，而牺牲其他所有安全，一个核酸证明就耽误了多少患者的病情，严格的封城政策又让多少人延误了宝贵的救治时间，严格的封锁已经背离了以人为本的初心，把天灾变成了人祸，所以完全不可取。政府的重点应放在给国民接种有效疫苗与加大公共医疗系统的建设，而不是把钱都花在做核酸、建方舱与隔离人员，疫情三年不少核酸公司都赚的盆满钵满，放开后退烧药却依然短缺，三年时间还不够准备足够多的退烧药吗？有些人把疫情不结束归咎于核酸产业的暴利，在网上大肆声讨拥有十几家核酸公司的张某某，我想说张某某只是白手套，资本家没有权力撑腰，还敢肆意妄为吗？这里还想吐槽一下，为什么我要说接种有效疫苗，因为我国疫苗公司都被爆造假，那么接种这样的疫苗还能保护人民健康吗？政府应当遵循科学的原则，随着感染人数与重症率的变化，逐步放宽或收紧管控，但也是有限度的管控，而绝不能施行大规模封城来防疫，防疫最终还是靠人民自己对自己负责，完全靠政府来防疫根本不现实，而且我国的数据还极不透明，核酸报告各省之间不通用不是技术不支持，而是各省之间都互不信任，这样的防疫能靠谱吗？有些人还对国家的"免费"核酸检测感激涕零，殊不知免费的才是最贵的，核酸检测费用大部分来自医保基金，这难道不是广大劳动者辛辛苦苦上班缴纳的钱吗？要知道疫情三年社保基数快速增长，这就是在变相收取核酸费用。疫情过后为了填医保的坑，政府又进行医保改革试点，大致内容就是减少个人部分返款并划入统筹部分，门诊也可以进行报销，仿佛感觉是全民受益，但却遭到很多地区人民的抗议，人们并不想把个人部分划入到统筹部分。其实要我说，把个人部分划入统筹不是重点，重点是医保基金的不透明性，疫情三年频繁的全民核酸征求人民同意了吗？没有一个公平透明的规则，那么老百姓肯定会认为钱到自己口袋才安全。经历完这场疫情后我想告诉我的国人，疫情是天灾很可怕，比天灾更可怕的是人祸！未来新冠疫情肯定会彻底结束，但大家认为能回到岁月静好的日子就大错特错了，过度防疫所引发的灾难将持续很久，人们投资与消费的信心也很难恢复，信心可比黄金都重要，没有信心也就没有市场。目前我国投资、消费、出口均已开始萎靡，不进行大刀阔斧的结构性改革，根本救不了经济，而在加速师的脑海中还在构思内循环，所以我敢肯定的说，往后老百姓的生活只会越来越难，我想国人应该早点清醒，这场疫情就是照妖镜，把平时隐藏起来的体制之恶都显现出来，专制体制是灾难的根源。我国许多人民总有一种错觉，认为政治离自己很远，体制造成的灾难也轮不到自己身上，那么我想这场疫情已经明确告诉大家：体制之恶，无人幸免。迫害老百姓的人不在遥远的国外，而就在我们身边。这场疫情也给世界敲响了警钟，专制独裁始终是容不下自由民主，专制政权对本国人民都不负责，如何还指望它对世界负责？如果自由世界还对专制国家视若无睹，那么它将会逐渐侵蚀自由世界，并把奴役蔓延到整个世界，那时将会给全人类带来巨大灾难，自由世界绝不能在姑息养奸施行绥靖政策，黎明时刻的号角已经吹响，自由世界是时候与专制国家划清界限，让专制政权失去生存的土壤，而绝不与它们共存。

6. 如今的大西国

如今大西国仍有许多帝国时期的影子，大西国最高权力机关是全国人民代表大会，但没有一个人大代表是由人民选出来的，最终的选举结果也早在黑箱会议中做出决定，整个人民代表大会的选举过程就像一场华丽的表演，为了给外界展现出大西国的"民主"。名义上司法机关、行政机关的最高领袖都从人大会议中"选举"出来，但实际行政权、司法权与立法权都高度集中在政府手中，中央施行集权，最高领袖又集大权于一身。当局也一直在强调这一点，即维护总书记在党中央的核心位置，又要坚决维护党中央权威与集中统一领导，说到这里就已经很明显了，这不仍然照搬中央集权下的君主专制政体吗？我国政体上虽然号称人民共和国，但不过是披着共和与民主的外衣，实际仍然施行专制统治。古代解决不了中央与地方的矛盾，现在仍是如此。中央部署安排的一些决策往往是假大空，常常既要又要，可哪有那么多两全其美的好事，现实往往是两害取其轻，比如中央既要动态清零又要经济复苏，这让地方政府陷入两难，最终结果往往是疫情防不住，经济又一团糟。中央强势时虽然有利于稳定，但管的太死地方就会失去活力，官僚主义、形式主义将大行其道，中央怕地方势力太大，往往空降亲信去当地方一把手，可空降下来的封疆大吏根本不了解当地情况，这样的一把手能治理好地方吗？而中央政府如果处于弱势状态，地方又会有独立的倾向，国家将面临分裂。我国中央与地方的根本矛盾，来自专制体制性顽疾，根源在于专制下中央与地方没有将权力划分清楚，错误的认为只有中央保持集权才能维持统一，殊不知这不受约束的权力正是导致国家最终分裂的罪魁祸首。在我国中央集权的专制体制下，地方发展主要依靠中央的政策指示，所以各地方之间发展很不均衡，户籍制度就是这种体制的副产品，国家总是损害某些地方利益而优先发展另外地方，国内人口肯定会大量往发达地区流动，政府又为了限制大量人口涌入发达地区，施行户籍制度阻碍人民迁徙。这真是个愚蠢的决定，一个国家内人民连自由迁徙的权利都没有，这还是同一个国家吗？有些人说户籍制度有利于地方利益最大化，取消户籍制度不利于大城市发展，我想说为了某些城市的利益，就能去损害其他地区的利益吗？如果真是这样的话，那么这些大城市独立岂不是更好，更能让本地利益最大化了，我认为既然是同一个国家，就不能出现歧视性政策，要把全体国民一视同仁，而且从长期来看户籍制度必然弊大于利，既加剧了地区之间的不平等，又阻碍了人才流通与经济发展。我国刻意划分体制内外也存在一样的问题，职业没有高低贵贱之分，虽然工种不同理应工薪不同，但体制内外的划分造成同工不同薪，体制内退休工资也比体制外高出很多，这就造成分配不公，长期来看必会增加社会不稳定因素，国家失去了公平，也就失去了民心。再来谈回我们的加速师，他把改革开放后最重要的政治遗产抛弃，在任期内恢复了终身制，并且在 2023 年的换届中把常委都换成了自己的亲信，新总理之前并没有担任过副总理，当地方书记时又把经济和防疫搞得一团糟，本地民众对此怨声载道，这种人还能升官全凭对加速师的谄媚奉承，把国家的未来托付给这种人，还能有希望吗？从目前我国政治体制来看，只不过从专制帝国的家天下变成如今的党天下，无产阶级专政只是个幌子，究其本质而言仍是独裁专制，所以如今的政权必然和专制帝国存在一样的弊端，甚至有过之而无不及，专制帝国起码直截了当的承认不平等，用身份和等级把人分为三六九等，而如今的专制政权还厚颜无耻的美化自己，就拿世界专制程度最深的朝鲜来说，根本和民主与共和不沾边，还恬不知耻的自称是朝鲜人民共和国。现代专制政权的力量也远远大于以前，对社会的渗透力和管控力更强，所以对国家与人民造成的危害更大。现代专制政权只有两条路可走，要么政治改革走向宪政民主，建立起真正的民主共和国，要么打着人民共和的幌子继续施行专制统治，前者也许会让统治阶层丧失权力，但人民与国家将重获新生，后者也许能继续维持专制统治，但却给人民带来无穷无尽的灾难。如今大西国的专制文化就隐藏在意识形态之中，社会主义学说的集大成者是马克思，当然我承认马克思是一位伟大的社会学家，但任何理论都有缺陷，人类社会就是在不断探索纠正中进步的，马克思用其犀利的眼光看到了自由资本主义的弊端，却得出一个错误结论，他认为无产阶级可以解放全人类并彻底消除剥削压迫，最终进入所谓的共产主义。马克思理论的最大问题在于只在乎谁掌权，却不对权力本身进行限制，资本就是因为与权力结合才变的肆无忌惮，无论哪个阶层掌权都会有作恶的倾向，目前号称社会主义的大西国也证实了这一点，改革开放后先富并没有带动后富，无产阶级依然受到种种压迫，而曾经怀揣着共产主义梦想的执政党，如今还有几人能不忘初心？无数革命先驱们抛头颅、撒热血建立起的政权，却发现当下无产阶级仍然遭受着苦难，我不知道如果他们看到今天的样子，在九泉之下作何感想？当今大西国哪个官僚还会为共产主义而奋斗终身？哪个老百姓还会相信无产阶级是国家的主人？要我说大西国只是借用了社会主义的外衣，因为社会主义学说不关心对权力的制约，这也就给专制提供了良好的土壤，所以长期受到专制影响的大西国接受了社会主义学说，并且统治阶层独尊社会主义思想，就像专制帝国利用儒教来统治人民一样。社会主义思想在改革开放前确实有不少信徒，但随着改革开放后资本主义的发展，大西国统治阶层仍坚持宣传过时的社会主义，这就造成了意识形态的混乱。要说今天的人们信仰什么，我认为目前的大西国只剩下两个信仰，官僚们信仰权力，老百姓信仰金钱，但只追求权力与金钱的社会是可怕的社会，大西国频频爆出国内娱乐圈混乱的现状，我认为娱乐圈只是由于曝光度高更受关注罢了，大西国目前大部分圈子都是乌烟瘴气，尤其是政治圈，因为政治圈子较为封闭，不受约束的权力让这些官僚们更加肆无忌惮。如果社会处在金钱与权力的漩涡之中，那么必会使人堕落，接下来我就讨论一下当今大西国的现状，看看理想与现实的差距究竟在哪里。

6.1. 富强

富强，从字面理解为国富民强，目前我国已经成为世界第二大经济体，2020 年 GDP 突破 100 万亿人民币，折合美元约 15.9 万亿，美国 2020 年 GDP 是 21.4 万亿美元，第三名日本是 5.04 万亿美元，乍一看大西国的经济体量已经达到美国的七成多，并且远超第三名日本，那么大西国是不是已经走向富强了呢？在我看来光看经济总量而忽视人均，又犯了集体主义的错误，大西国 2020 年人均 GDP 在

世界排名第 63 位，大西国总理也曝光过当今国家
的真实状况，称还有 6 亿人平均收入不足一千元，
而剩下 8 亿人的日子也不好过，有多少人被住房、
教育、医疗压的喘不过气，还有多少人负债累累。
我国改革开放后的广大劳动人民，辛辛苦苦一辈子
的勤劳也没有换来富有，许多人民为了买房透支了
数年工资，而且随着时间的推移一切都在涨价，唯
独工资待遇增长缓慢，时至今日劳动者的合法权益
仍得不到有效保障，我不禁想问这难道就是所谓的
富强吗?事出反常必有妖，肯定有某些人从中受益，
不想改变现状。就这样有些媒体还不怀好意的给国
民灌输超越美国的春秋大梦，国家经济在发展，老
百姓的生活水平却在倒退，这根本就是虚假的繁荣。
大西国几乎每个专制王朝的末期都贫富分化悬殊，
统治阶层的腰包鼓起来了，老百姓却食不果腹，这
便引发了社会动乱。事实证明，人民才是国家的根
本，只要人民富裕不起来，那么国家也绝不可能维
持强盛，在如今的资本主义社会也是这样，经济的
发展就是生产与消费的过程在不断循环，统治阶层
只占国家很小比例，如果财富都集中到他们手中，

人口占大多数的人民根本没有消费能力，如果广大人民都消费不起，资本家的商品也就不能大量生产，国家经济发展就会受到限制。只有人民富裕起来，强劲的消费能力将会促进经济的快速增长，这样又会促使资本家扩大生产，资本家扩大生产后会提供更多的就业岗位并带动经济再次增长，从而形成经济循环。当然在一定的技术条件下，随着市场的饱和，经济不可能无限增长下去，只有再次实现科学技术的突破才能让经济再次快速增长，但如今的大西国市场远没有饱和，国内很多人只是因为不公平的分配制度，以及贪污腐败才导致贫穷而缺乏消费能力。统治阶层也清楚的认识到这一点，但他们只想自己富强起来，并不想把蛋糕分给广大人民，于是统治阶层想到一个好办法，既然大西国人民缺乏消费能力，就靠出口让其他国家消费，从而带动大西国的经济增长，这就回到了大西国改革开放之初，这时也赶上发达国家第二产业的转移浪潮，由于发达国家用人成本增高与一些高污染行业在本国被禁止运营，便纷纷把企业转移到大西国。大西国第一阶段经济高速增长期是靠外资与市场化改革，第二阶段经济高速增长期则是由于加入 WTO，消除了贸易壁垒，进一步吸引外资与扩大出口。最近几年由于疫情和与西方世界关系的恶化，导致外资纷纷撤离，出口贸易受到致命打击，这对大西国经济造成严重影响，这时大西国政府又想搞内循环。我实在不知这个内循环该如何循环，因为老百姓手里没钱缺乏消费能力，能循环起来吗？再说当今全球经济日益紧密，想要发展就不可能与世界脱轨，还有国穷民富才是现代国家的常态，就像美国政府财政年年入不敷出，但政府依然还给企业减税松绑，提高人民福利待遇。企业的茁壮成长可以带动就业，提高人民福利待遇则可以促进消费，发达国家普遍都是人工成本高，商品价格低，归根到底都是要让人民富裕起来，促进国内大市场的发展，所以即使政府很穷，但人民强则国家强。大西国当今状况是国进民退，财富越来越集中到少数权贵手中，广大劳动者与民营企业却举步维艰，长久来看必然导致国家衰落，富强需要人民真正富裕强大起来，经济发展这块蛋糕从来都不在乎有多大，而在乎到底能分多少给人民。

6.2. 民主

我国自称是一个民主集中制国家，但从目前来看，只有集中的权力而没有民主。大西国人民没有选举和被选举权，也缺乏言论、出版、集会、结社、游行、示威的正当权利，既然人民的正当权利都无法行使，又何来的民主？又如何证明自己是国家的主人？如今虽然很多人也承认我国没有民主，但他们对民主误解很深，他们说我国不是民主国家，是因为我国不适合民主而适合专制，他们认为一旦施行民主制度，我国就会陷入动乱。我认为这种说法非常荒谬，完全是本末倒置，根本不是因为我国不适合民主，而是我国只经历过专制，就像一个没有上过学的孩子，虽然他目不识丁，但你能说他不适合上学吗？经历了几千年的专制社会，我们民族的思想包袱十分沉重，长期处于等级森严的人治社会，受奴役久了，奴役本身也就变得理所当然。一谈民主有些人就会说中东地区的民主反而带来动乱，我想说中东地区的情况和我国大同小异，根本不是制度问题，而是人本身的问题，中东穆斯林国家长期受到政教合一的专制文化影响，每个人心里都没有民主概念，那么突如其来的民主则是祸而不是福，但祸在人心，而非民主制度本身有问题，成熟的民主制度需要建立在一定的物质基础之上，并且离不开人民思想觉悟的提高。民主也从来不是终极目的，民主只是一种手段，是为了尽可能实现善政，也可以说就是为了制约人性中的恶，如果人人都像神仙一样完美，处处都为他人考虑，那么就根本不需要民主制度，甚至连政府都不需要建立。人类社会由于无法消除人性中的恶，也就无法避免专制造成的暴政，与其把命运交给他人，不如自己来掌握，这就需要利用民主制度来让人民获得权力并掌控自身命运。民主制度虽然有缺陷，但仍是目前最适合人类的政治制度，我也承认如果目前在我国冒然施行民主制度，民主的质量肯定也不高，还有可能发生动乱，但我认为并不是说我国就不适合民主，而是需要时间，凡事都有个适应过程，我相信我的祖国最终能走向民主。我们身边最好的例子就是邻居越南，这个国家以前也属于社会主义阵营，也和我国存在同样的问题，但却没有像我国一样只进行经济改革而政治改革停滞，越南早在 2006 年就开始

差额选举，并且在 2016 年首次施行全民选举，2017
年又废除了户籍制度与公务员终身制，并建立起独
立工会等等，这一系列改革有效的遏制了腐败并释
放了市场活力，让越南经济保持了高速增长。我国
与越南地理相近，政治体制也有很多相似之处，我
认为越南的改革对我国有重大启示作用，我国统治
阶层至少应该拿出一个民主进程表，而不是一谈民
主就如临大敌，政治改革要想知道阻力来自何方，
就先看保持现状的最大受益方是谁，不施行民主制
度的最大受益方无疑是统治阶层，因为不改革他们
就可以一直高高在上当官老爷，不适合民主只是他
们继续奴役人民的借口，就比如民主国家都普遍施
行官员财产公开制度，而我国政府自从 1987 年提
出议案，讨论了三十多年至今仍未施行，我想说未
施行的阻力不会是来自人民吧？我国官僚也意识到
公开财产可能会引发社会骚乱，那时候到底谁为谁
服务便一清二楚，但绝不要认为不公开财产就能长
治久安，我国历朝历代都不公开官员财产，这些朝
代现在又在哪里？目前我国的官僚形成利益共同体，
他们都不愿意民主的到来，他们享受着特权带来的

好处并害怕失去手中的权力，他们总盯着民主的某些副作用，而从不承认民主所带来的繁荣。我认为国家要想繁荣昌盛，那么就必须完成民主化，不是因为民主一定能实现善政，而是因为失去民主必会导致暴政。

6.3. 文明

广义文明是指人类社会沉淀下来的精神追求和一切物质上的发明创造，而狭义的文明是指与野蛮相对的理性社会体系。我认为人类文明的发展就像生物进化一样拥有诸多不确定性，文明只需要被大多数人认可并传承，而不一定符合人类本身的发展需求。比如我国的专制文化代代相传，但从长期来看并不符合人类发展，在西方的影响下才缓慢向现代文明过渡，近代西方的入侵给我国带来了战争的伤痛，但也打醒了这个古老民族沉醉于天朝上国的美梦。可以说如果没有西方的入侵，我国便继续在专制帝国中不断更迭轮回，无论王朝如何更迭都只是给平民换个主人而已，人民的地位并没有改变，所以近代西方国家的入侵在客观上反而给了我国涅槃重生的机会，不过我国并没有把握住这个机会。

反观如今的国家状况，物质的提升与文化制度的滞后在当今社会尤为突出，大西国城市里随处可见高楼大厦，人们享受着现代文明带来的物质生活，但人民却对自由、平等、民主、法治这些现代文明的价值很陌生，人们仍像逆来顺受的臣民而非现代社会的公民。统治阶层仍然延续着帝国时期的专制文化，这也导致我国与民主国家格格不入，并极大阻碍了自身发展。我认为我国最需要在文化方面进行一场革命，抛弃专制文化并学习现代文明的普世价值。文化革命也绝不是全盘否定本土文化，而是吸收外来文化的优点，而且大可放心，本土文化绝不可能被外来文化完全替代，我认为当两种文化碰撞并让其自由发展，长期下去先进的文化必然会替代落后的文化，因为先进文化符合人类发展需求，而且每个本土文化都有其优点，没有哪个文化一无是处，所以本土文化与外来文化的碰撞，长期来看会让本土文化进步。比如在西方文化的影响下，我国取消了帝制，而且放弃了延续很久的一夫多妻制与许多其他陋习，这些改变符合人类发展，不过我国虽然取消了帝制，但建立的政权仍然缺乏对权力的制约与监督。红色政权仍施行专制统治并诋毁西方的宪政民主制度，关于大西国红色政权所说的文化入侵与和平演变，完全是无稽之谈。马列主义是大西国本土文化吗?算不算文化入侵?而且社会主义制度真的优越，还会怕别国颜色革命吗?我国统治阶层常常说文化自信，我认为文化自信绝不是靠贬低他人来抬高自己，也绝不是靠封锁来与其他文化隔绝，比如我国往往号召抵制西方节日以此来保护传统节日，可国家本身都不注重自己节日的文化习俗，延续了千年的除夕放烟花习俗被严格限制，当局称烟火污染严重，我想说每年放一次的烟花能有天天排放浓烟的工厂污染严重吗？政府不如把心思放在工业企业的治理与清洁能源的发展上，而不是去限制延续千年的节日习俗。我国对传统节日文化习俗的不重视，导致在有些国家的过节氛围比在国内还浓厚，这也难怪邻国与我国争夺文化遗产。我认为应当采取包容开放的态度欢迎外来文化，在百家齐鸣中才能彰显出本土文化的优势，并让本土文化走向世界，这才是真正的文化自信。如今只因普世价值的传播会影响专制统治的根基，所以我国统治阶层才会不遗余力的抹黑普世价值，但普世价值是人类文明进步的结晶，我国文明只有融入普世价值才能与现代文明接轨。看看我国的邻居日本与韩国，本土文化引入普世价值后不照样发展的很好吗？而且韩国与日本的文化还得到发扬并走向了世界，所以当今我国最迫切需要一场文化革命，这里我想说我国首当其冲就应当摒弃大一统理念，因为现代文明所追求的是独立自由与平等，社会呈现出多元化，而大一统理念所追求的是高度集中统一，只适合专制社会与现代文明的价值格格不入，所以注定要被淘汰。当今我国物质文明已经得到极大提升，最需要精神文明与世界接轨，这里需要的不仅是少数人的思想转变，而是大多数人的思想转变，只有这样我国文明才能涅槃重生。

6.4. 自由

自由在西方文化中拥有很高地位，甚至高于生命，正如一首耳熟能详的匈牙利诗歌描述的那样："生命诚可贵，爱情价更高。若为自由故，二者皆可抛。"而在我国传统文化中，自由的地位却非常低，这主要是出于政治需要，限制自由是为了强化等级与身份的作用，维护专制下的统治。我国的专制程度随着皇权的加强而不断提升，这便离自由越来越远，我国即使近代在西方的影响下结束了帝制，建立起所谓的"人民共和国"，但统治阶层却延续着专制体制并处处限制自由。我国在上个世纪 80 年代出现过短暂较为开明的时期，学生们当时要求言论自由、出版自由与民主选举，这些合理的诉求却被当局定义为"反革命暴乱"，并且遭到暴力镇压，之后当局把学生运动的原因归咎于"资产阶级自由化"，自由又被冠以恶名。具有讽刺意味的是，事后政府彻底封锁消息，不让后世提及学生运动，显示出一副做贼心虚的样子。我想说自由提倡的是和平游行，而不是借助自由名义制造暴力事端，前者是公民合法的权利，后者才是违法行为，我国统治阶层有意混淆二者，剥夺了人民的合法权利，而且公民的游行看似引起一定的混乱，但却能让政府很快重视起来，并对发生的问题进行解决。专制国家统治下的稳定不是真的稳定，人民是迫于专制政权的暴力威胁而选择忍气吞声，官僚也往往不对人民的权益重视，最终只会让人民承受痛苦与灾难。卢梭先生在《社会契约论》中说过："有人说，专制主可以为他的臣民确保太平，就算这样，但如果专制主的野心引起的战争，如果专制主无休止的贪求，如果官吏的骚扰，这一切之为害人民更有甚于人民之间的纠纷的话，那么人民又能从中得到什么呢？如果太平本身就是人民的一种灾难，那么人民从这里面又能得到什么呢？监狱生活也很太平，难道就足以证明监狱生活也很不错吗？被囚禁在西克洛浦洞穴中的希腊人，在那里生活得也很太平，可是等待着他们的是被吞掉的命运。"[1]我对卢梭先生这段话非常赞同，在专制政权的统治下，太平就是建立在压迫与欺骗当中，这种条件下的太平不仅不能让人民受益，还会给人民带来灾难，这种太平宁可不要，有时候血淋淋的真相好过美好的谎言。人民也不是国家的奴仆而是主人，国家不仅要让自己的国民吃饱穿暖，还要把他们培养成独立的自由人，因此我想让全国人民都知道，权利永远是靠自己争取而来，而不是靠任何人施舍，永远不要嘲笑比自

---

[1]【法】卢梭：《社会契约论》，何兆武译，商务印书馆1980年版，第15页。

己勇敢的人，也永远不要对别人遭受的压迫冷眼旁观，因为下次可能就会轮到自己。80 年代学生运动争取权利失败了，特别行政区人民争取权利也失败了，没有权利的人民依然要承受暴政之苦，我们和他们都在一条船上。我国在 2022 年 4 月某地还发生了一件震惊全国的事件，当地储户们在村镇银行的存款无法取出，还被政府人员赋红码限制自由，和平游行又惨遭便衣警察殴打，由此可见没有权利的人民，就如同待宰的羔羊任人宰割。当然任何事物都有两面性，自由也不例外，在人民获得自由的同时，确实也会因为自由而伴随一些副作用，比如有些人打着自由的旗号制造暴力事端，或者借助言论自由诽谤他人，这些行为都应该受到法律的惩治，绝不能因噎废食而放弃自由，因为获得自由的好处远大于失去自由。现代社会无时无刻都享受着自由带来的好处，比如政治自由能让人民掌握自身的命运，在议会中解决各阶层矛盾并和平进行权力交接，我们常常看到民主国家在议会中吵的不可开交，但吵的再凶也比暴力冲突好，专制政权确实很少有人敢反对，即使开会投票也是没有、没有、通过，但这完全是迫于独裁者的权威之下，专制政权也往往只解决提出问题的人而不去解决问题本身，对此只能让矛盾越积越深，看似稳定的背后将会引发更大的灾难。我认为有些事情根本不需要政府去管，只需要靠社会自发的力量，比如居民根本不需要政府基层组织来管理，居民难道不比社区书记更了解小区自身情况吗？居民完全可以自发组建团体来管理小区，同理新闻媒体、工会、学校、基金等等都可以民间自发组织，让专业的人去做专业的事，比事事与政治挂钩强太多，政府主要负责营造一个公正的社会环境，而绝不能把政治凌驾于法律、科学、教育、媒体等之上，并且过多的政府机构只会增加人民的负担，社会的进步需要靠社会本身的力量，比如科学技术的进步就不是政治家擅长的事情，帝国的皇帝们把帝王权术玩的炉火纯青，那又能对科学技术的进步启到什么作用呢？政治上的不自由必然会延续到经济上，我国建国之初的计划经济就是完全否定自由经济，计划经济下政府全面掌控经济，政府决定生产什么与生产多少，事实证明人算不如天算，市场的需求根本不可能靠计划预测，计划经济违背市场客观规律，要么制造过剩、要么制造短缺，而且计划经济效率低下，不计成本的运营造成严重资源浪费，经济又完全靠政府指令运行，这样政府权力过大又导致贪腐成风，在这种情况下根本不可能实现共同富裕，只会让人人变的同样贫穷，最终造成国家经济面临崩溃。20 世纪 80 年代我国开始经济改革，逐步从计划经济向市场经济过渡，国家经济这才开始好转，但改革并不彻底，最终并没有形成一个公平透明的市场，至今暴利行业都被国家所垄断，垄断让国企处于绝对优势的地位，众多国企光明正大的损害公平竞争与压榨消费者，并仍和计划经济存在一样的毛病，效率低下与贪腐成风，而且我一直认为国企成为了社会进步的绊脚石，因为众多国企员工们吃"皇粮"，时刻都被要求着忠诚于党，这也是为什么计划经济时期人民根本不可能享有自由，因为对私人财产的保护，是守护自由的底线。不受约束的政府权力也让私企的发展离不开对官僚的攀附，这样一方面造成官僚贪污腐败，另一方面让社会内卷非常严重，各行各业大都被不公平的规则制度压榨的举步维艰，那么只能通过恶性竞争生存下去，劣币驱逐良币只会让市场环境变的越来越差。说完政治与经济，我想说通往自由大门的关键所在，制度与经济都是由人来执行，所以思想自由是自由的核心，而如今我国许多人受到专制文化影响对思想自由嗤之以鼻，就像孟德斯鸠在《论法的精神》中曾写道："对于那些从未习惯享受自由的人，甚至连自由好像也是不可容忍的。同样，新鲜的空气有时候对那些居住在沼泽地带的人们来说，是不愉快的东西。"[1]孟德斯鸠说的很对，奴隶被奴役久了，奴隶主给予他们一丁点好处，奴隶便会感恩戴德，所以人民的思想自由非常重要，培养一位独立而自由的人，离不开受到良好的现代教育，我下一章将进行单独讨论。总而言之，自由虽然给我们带来不了人间天堂，却能让我们看清人间的真面目，只有通往自由的道路才是康庄大道，放弃自由必然是一条不归路，有了自由才创造出我们五彩缤纷的世界，否定自由就是否定进步，进而否定人类文明本身。

---

[1]【法】孟德斯鸠：《论法的精神》【上卷】，张雁深译，商务印刷馆 1961 年版，第 303-304 页。

6.5. 平等

在我国几千年的专制社会中，都把人分为三六九等，这对我国文明产生了很大影响，在我们文明的字典里就没有平等。我国社会主义价值观里也强调平等，但直到今天人们对平等也很陌生，我感觉当下社会离平等的道路越来越远。首先政治上就没有平等，大西国仍施行专制统治而缺乏政治自由，所以法律也绝不可能公平，党的权力凌驾于法律之上，司法机构成为了统治阶层的工具，政治上的不平等必然会延续到经济上，公平透明的市场也就无法建立。思想上国家继续给人民灌输奴性，让人民无条件服从党的领导，奴性让人民缺乏理性而变的麻木极端。政治上的不平等压迫人民，经济上的不平等剥削人民，思想上的不平等妄图把人民变成奴隶。孟德斯鸠曾经说过："在共和政体下，人人平等因为人就是一切。专制政体也是人人平等，因为人一钱不值。"[1]我国人民由于长期处于不平等社会，　造成当今许多人反而更加适应不平等，人人都想高人一等成为人上人，不相信也不接受平等，

---

[1]【法】孟德斯鸠《论法的精神》许明龙译，北京商务印刷馆 2016 版，第 93 页。

浑然不知现代社会是公民的社会，是为了取消特权与消除人上人，当然人类社会永远不可能实现绝对平等，而只能去追求尽可能相对的平等，现代社会在政治上要求人人平等，在社会中则更需要机会平等，机会平等是指每个人面临有利情景中，都能利用这种有利条件而不受外在其他因素影响。机会平等提倡公平的竞争，允许差异的存在，这样才能充分发挥个人能力并给社会注入活力。社会活动中完全的结果平等往往有害，比如勤劳的人与懒惰的人获得同样收益，那么对勤劳者本身来说就是一种不平等，这样便挫败了勤劳者的积极性，最好的例子就是社会主义施行的计划经济，吃大锅饭会把勤劳的人也变的懒惰。机会平等并不是特权而是自由竞争下的平等，而在政治法律上应当要求结果平等，因为人与人之间没有高低贵贱之分，所以每个人在政治上都应该拥有平等的权利，在法律面前也应当被一视同仁，尽管平等的方式不一样，但无论如何现代社会都必然是一个追求平等的社会，如果不追求平等而继续让特权横行，那么社会早晚会发生分裂与动乱。

6.6. 公正

公正代表着公平正义，我把这两层含义分开来讲。先说公平，公平与平等是不同的，公平是一种手段而平等是结果，也可以说公平就是为了更好的实现平等。平等表示人与人之间的无差别性，但无论先天还是后天，人与人之间都存在一定差别，所以公平先是肯定了差异性的存在，然后再去实现最大程度的平等，比如两个罪犯同样是因为杀人被判死刑，这就是平等，而其中一个罪犯由于怀孕又被改判为无期，这就是公平。公平必然是从现实社会出发，先肯定了差异的存在，然后再去追求平等，这种差异绝不是专制下统治阶层的特权，而是客观条件下的差异，比如给予老弱病残一些特殊照顾，以此来让社会更加公平。说完公平再说正义，首先维持正义就需要一个公平的仲裁者，而人本身都带有自己的主观情感，仅凭人的主观判断很难维持正义，所以现代社会用一个所有人都同意并服从的规则来维持正义，这就是法治。只有视法律为最高权威，社会完全依靠法律运转，才能更好的维护公平与捍卫正义。那么到底什么是正义呢？正义本身在不同时期有着不同解释，古希腊哲学家柏拉图认为，人们按自己的等级去做应该做的事情就是正义，而我国传统社会的正义即天命，最高领袖被称为天子，代表上天来管理万民，违抗天子的命令就是违抗天命，是非正义之举，所以在我国历代王朝中权臣往往能力再强，也不敢轻易废除天子，而天子再昏庸也依然可以统治国家。还有中东地区一些政教合一的伊斯兰国家，宗教里一些不人道的规定也会遵守，他们认为对宗教的虔诚就是正义。再来说说我国如今的实际情况，目前我国的体制以官僚为中心，官僚利用权力在政治与经济上损害公平，法律也成为统治阶层的工具，在权力的暗箱操作下便不能起到伸张正义的作用，这导致人们遇到问题往往喜欢找关系走后门，在我国还处于人情社会而非法治社会，这也造成我国缺乏现代社会所追求的正义，现代社会必然反对特权，所追求的正义是在以人为中心的理念下，营造出一个公平的社会。

6.7. 法治

法治的概念在第一章我已经叙述过了便不再重复，这里我主要想说说我国的法治状况。在我看

来，我国从来都没有达到过法治的及格线，我前面
说过法治国家的基本准则是司法机构的独立，而我
国至今仍没有做到，如果司法机构都无法独立，那
么依法治国就成了一句空话。我国的第一部五四宪
法施行没几年便爆发了十年动乱，国家主席手举宪
法都被迫害至死，法律成为一纸空文。现行的八二
宪法诞生不久后，政府称要严厉打击各种刑事犯罪
活动，严打时期轻罪重罚，其中最出名的罪行莫过
于流氓罪，这个罪名可大可小，乱搞男女关系都可
能被判死刑，并且早上逮捕下午就枪毙，导致全国
各地的冤假错案数不胜数。除此之外，我国还存在
过不归司法机构管理的劳动教养制度，这简直让法
治成为了笑话，一个直接由公安机关批准执行，而
不通过检察院司法程序起诉的制度，嫌疑人不经审
判就被定罪，成为地方政府规避刑事诉讼的利器，
任意剥夺公民的自由，公安机关完全和专制帝国的
衙门一样，把司法权和行政权合二为一，这种光明
正大压迫公民的制度足足施行了五十六年，直到
2013 年才被废除。没有法治的社会就不会停止对
公民权利的侵犯，在疫情期间基层政府又明目张胆

的侵犯人权，有些地方给居民大门栓铁链上锁，又
有些居民被确诊之后，房屋内物品未经房主同意就
被防疫人员丢弃，这难道不是违法行为吗？这些行
为却被视而不见，法律只会惩治那些随意下楼或不
做核酸的居民。我只能说，如今的执政党在需要法
律时会搬出来，不需要的时候便扔到一边，我国的
律师作用也很小，因为判决的结果依靠权力而不是
法律。如果法律成为了权力的附庸，那么就起不到
维护公平与伸张正义的作用，长期以往下去由于判
决有失公平，法律也不被人们所信服，政府的形象
会极大的受损，越来越多的人便不再信任法律与政
府，政府的合法性将受到挑战。只要一天党的权力
在法律之上，那么法律就绝不会公正，正义就会经
常缺席。我认为当今不仅要进行制度改革，还要增
强公民的法律意识，如果人民不具备法律意识，建
立起的法治国家不过是一个空壳而已。比如我国一
些人，看到西方国家犯罪嫌疑人得到保释，就大骂
西方法律不公，认为有钱人就可以用金钱逃脱法律
的制裁，而根本不去了解，保释制度是公民合法的
权利，如果犯罪嫌疑人最终被定为无罪，那么关押

这段时间就侵犯了公民的人身自由权，所以在法治国家里，除了重罪保释是常态，而我国不注重对人身自由权的保护，保释往往是特例。许多人也对此习以为常，不仅没有意识到自己的权利遭受侵犯，反而还认为保释制度不公平，还有我国一些人在疫情期间责怪西方政府无能，不能像我国一样雷厉风行的严格封城，我想说严格封城这种大规模限制人身自由的行为，完全违反西方的宪法规定，哪个总统权力能大过宪法?如果宪法都得不到落实，那么法治也就无从谈起。疫情之初国内有些人还在嘲笑西方人民，笑话他们为了争取自由而不配合防疫，疫情三年后才让不少人感到自由的重要性，我国施行了三年的严格防疫，造成大规模失业倒闭的浪潮，也引发不少人道灾难，失去自由的代价就是有苦也难言。再说每逢抗战纪念日，就会有穿和服的女子被警察训诫或拘留，大家都在讨论女子能不能穿和服的问题，而我认为更应该去讨论警察的违法问题，因为作为法律的执行者都没有守法，那么也难怪人民不相信法律。寻衅滋事罪的定义并不适用于穿和服，女子既没有殴打、辱骂等危害他人的行为，也没有损坏公共财物或引起公共场合秩序的混乱，怎么会触犯寻衅滋事罪呢？并且在我看来寻衅滋事罪本身就和以前的流氓罪一样，都是个可有可无，模棱两可的口袋罪。现在且不说法律本身的问题，就说警察随意逮捕人，完全就有滥用职权的嫌疑，警察的滥用职权如果不被处理，那么明天他们就可以去抓吃寿司的公民，后天可以去抓穿西装的公民，没有边际的执法权难道不比一个穿和服的女子危害大吗?从这些事情就可以看出，我国仍有很多人法律意识淡薄，当然这也不能全怪他们，统治阶层一直施行奴化教育，根本不想让人民觉醒权利意识。最后我想说的是，我国要想步入法治社会就需要从两方面下手，首先是让国民从思想上发生转变，把国人培养成独立而自由的公民，其次是进行政治体制改革，司法机构独立并完全依法治国，这样才能对国家权力进行有效监督与切实保障人权，不能再让法律仅落实在纸面上。

6.8. 爱国

我国专制帝国时期提倡的是忠君爱国，国家不过是君主的私人物品，爱国就是维护皇帝的利益，所以有实力的军阀只要称霸一方，都可以说自己代表国家，而随着近代宪政民主国家的建立，才赋予了爱国真正的意义。宪政民主国家中的每个人都把部分权利让渡给国家这个共同体，个体的福祉与国家息息相关，国家的毁灭也会严重损害个体利益，所以个体与国家荣辱与共，这时的国家代表着全体人民，这才赋予了爱国真正的意义。如今我国从帝国时期的家天下变为党天下，爱国等同于爱党，人民既享受不到应有的权利，又要受到压迫与剥削，这时难道还让人民热爱压迫自己的执政党吗？我想借用老舍先生话剧里人物说过的一句话："我爱国，可谁爱我呀？"大西国专制政权压迫与剥削人民，几乎让国家与人民处于对立状态，爱国就爱不了人民，爱人民则难以爱国，就像多年前报道的一则新闻那样，有一位官僚怒斥记者说道："你是替人民说话，还是替党说话？"当今国家所提倡的爱国，并不是真正的爱国，国家给国民灌输的爱国，只是出于维持稳定的需要。真正的爱国是理性的，是自发的一种热爱，这种爱归根到底是对人民的热爱，因为国家也是由人民建立，爱国就是对这个共同体的热爱，所以爱国并不完全等于爱党，如果执政党给人民谋福利，那么就应该受到爱戴，但如果执政党施行暴政，就应该受到谴责与抵制。在民主国家中，人民既履行了对国家的义务，又享受到应有的权利，这样才能充分激发人民对国家的认同感与热爱，爱国就是热爱由千千万万人民组建起来的共同体，只有让人民充分感受到被共同体保护与受到平等的对待，人民才会热爱这个共同体，而我国专制政权道貌岸然，势必让不少人对国家失望，甚至产生仇视情绪。我认为在这种情况下，我国早晚会和专制帝国的末期一样，一旦国家遭遇外敌入侵，老百姓几乎不会反抗，甚至还会出现大量叛国者，每个国家都会有极少数人心甘情愿当叛徒，但一个国家内出现大量叛国者就值得深思，根本原因就在于专制政权压迫与剥削人民，人民恨不得早日推翻政权，又怎么会对这样的国家产生感情呢?专制政权本身还会为了维持统治而出卖国家利益，对于独裁者来说维持自身统治比公共利益更重要，比如我国末代王朝的太后就说过一句话:"量国家之物力，结与国之欢心。"专制政权下国家与人民几乎是对立的，真正的爱国者就应该去推翻暴政，建立起民主共和国。专制政权的统治阶层也明白这个道理，所以他们不可能去引导人民真正的爱国情怀，那样无疑会颠覆自身统治，现代专制政权往往打着爱国旗号去树立一个假想敌，以此来煽动对其他国家的仇视，从而转移国内矛盾。专制政权下灌输的"爱国"，实际把人民变的愚蠢又极端，比如我国有些人即使受到政府不公平的对待，却依然选择逆来顺受。又有些人打着爱国旗号制造暴力事端，这根本不是爱国者而是暴徒。真正的爱国是自发与理性的，比如世界杯自己的国家夺冠，那种自豪与热爱就是发自内心的感情，比官媒宣传一百遍都管用，而且不仅夸自己的国家才算爱国，批评自己国家的不足也是重要的爱国表现，因为有了批评才能及时纠正不足，把缺点变成优点。杰斐逊曾经说过："爱国就是爱人民，是承担民族的苦难，不是爱邪恶的组织，异议是爱国的最高形式。真正的爱国者，不会容忍任何一个党派或个人凌驾于祖国之上，不会容忍自己的政府对人民实施暴征暴敛，不会容忍贪污腐败横流，更不会为了个人利益，只对君主唱赞歌，不对苍生说人话。"不得不说杰斐逊是一个伟大的人，在几百年前就把爱国定义的如此通透。最后我只想说，目前我国有些人打着爱国旗号做生意，有些人借着爱国情怀打砸抢，有些人毫无原则的一味歌颂祖国，这些人都绝不是真正的爱国者，爱国成为了这些人的手段而非目的，如今给国家唱赞歌的人实在太多，而几乎没人对苍生说人话，我国目前最需要的是真正的爱国者而非爱国贼。

6.9. 敬业

我认为在公平的规则制度下，才能让员工全心全意对待自己的工作，可具有讽刺意味的是，自称是工农联盟的大西国政权，工会却成为政府的衍生机构，工人有困难时得不到工会的帮助，反而如果工人团结起来争取合法权益时，工会出来说三道四阻挠，一个保障工人权益的组织竟然变成侵害工人利益的帮凶，这是多么的讽刺。我认为任劳任怨当下已经变成贬义词，勤劳是大西国民族的传统美德，但国内有些企业一边鼓励员工无条件加班，一边又不提高员工福利待遇，这种双标的做法就是对勤劳最大的侮辱，勤劳与敬业绝不能成为压榨员工的借口。员工被压榨后发现自己的努力付出与回报不成正比，甚至有些努力根本就没有回报，这样便失去了奋斗的信心。在国内许多勤劳人民的一生就只换来一套房产，大西国城市和城市之间的房价差距很大，一线城市繁华地段每平方动辄几十万，普通人一辈子的积蓄也买不上一套房，二三线城市按揭贷款几十年的居民不在少数，他们省吃俭用到中年才能还完贷款，这期间还要保证自己身体健康不出意外，一个人的大半生就这样任劳任怨的过完了。我想说生命只有一次，这样的人生有何意义？一生任劳任怨为谁忙？平民往往经历过最辛苦的中式教育，起早贪黑的学习为了考高分后能出人头地，可踏入社会后才发现上学之苦仅仅只是开始，朝九晚五的工作赚着微薄的薪水，却还要透支几十年的工资购买房屋，正如网上说的那样，大多数平民二十年读书，三十年还贷，剩下的时间与医院打交道。我觉得这样的人生既不幸福也失去了意义，难道这就是任劳任怨的高尚品德吗？不，绝不是，这只是既得利益阶层利用不公平的规则制度对劳动者进行剥削，我想说人生虽然都要经历苦难，但苦难绝不是人生的终极目的，吃苦是为了越来越幸福而不是吃不完的苦，许多媒体把人们生活的不如意全部归咎于自身不努力，甚至虚假宣传收破烂都轻松年入上百万，这样的媒体不仅没有为民生的艰难发声，还在为社会制造焦虑，如果每个人的幸福只与自己的努力有关，那么人民还纳税供养那么多官僚干什么？政府官员既然是人民的公仆，就应该为人民谋福利，政府理应营造公平透明的市场环境并促进国家经济增长，用法治约束权力杜绝贪腐对经济造成的伤害，此外还应当充分保障劳动者的合法权益。仅我说的这些国家都没有做好，却把如今民生的艰难全部归咎于自身不努力是非常荒谬的，我国当下许多工薪阶层也认清了现实，开始"躺平"。躺平就是广大工薪阶层对剥削压榨的一种无声反抗，首先需要说明一下，大多数网友所说的"躺平"，绝不是啃老不工作，而是把自己的欲望降到最低限度，不加班、不贷款、不结婚、不买房、只维持最基本的生存，而且请大家放心，如果广大工薪阶层都这样做，首先着急的绝不是工薪阶层，而是吸血鬼和寄生虫们。失去了奴隶，奴隶主也就无法生存，他们的损失肯定比奴隶要多的多。总而言之，大西国的现状真是印证了无产阶级先驱恩格斯所说过的一句话："他们吸干了无产者的最后一滴血，然后再对他们施以小恩小惠，使自己自满的伪善心灵感到快慰，并在世人面前摆出一副人类恩人的姿态，就好像这对无产者有什么好处似的。"

6.10. 诚信

我国传统文化很重视诚信，诚实守信成为了我国民族的传统美德，但如今的社会却陷入了信任危机。我认为根源是体制问题，专制政权建立起金字塔式的权力结构，权力皆来自上级赋予，那么欺上瞒下便成为常态，对于官僚来说谎言将比真相作用更大。比如无论经济增长还是衰退，失业率都年年保持稳定，就好像经济增速与失业率无关一样，这样就可以让老百姓看到低失业率而感到"幸福"。上梁不正下梁歪，专制政权对社会有着很强的管控力，政治生态里诚信的缺失将会蔓延到社会中。民主制度下的政治家确实也有演戏的成份，但显然民主制度下政治家说谎的成本更高，谎言一旦被揭穿就面临着下台风险，而且民主国家注重社会自发的力量，政治对社会的影响力也非常有限，而专制政权缺乏对权力的制约与监督，官僚们往往好话说尽，坏事做绝。如今我国官僚与资本家互相勾结暗箱操作，这也导致国家每个圈子的潜规则都大行其道，这样必然会使整个社会的诚信与道德体系崩塌，比如在 2022 年一位中学生失踪事件，竟然引起全国广泛与持续的关注，本来应该是一件普普通通的失踪案，却因为官方通报引发了人们极大的怀疑，首先警方开展地毯式搜索百余天找不到人，最后竟然在离学校几百米的地方发现了尸体，而且警方通报是在小树林发现尸体，死者妈妈又辟谣说在仓库内发现。我想说无论真相是什么，这起案件都说明公信力的下降，官方每次调查事件总会出现这样或那样的巧合，事件也总出现两极反转，这样还怎么让人民去相信政府？我认为要想建立起诚信社会，是不能依赖政府的作用，因为讲诚信从来都不是政治家的强项。如今我国的信任危机比任何时期都要严重，也比任何时期更需要信任，因为我国传统的农业社会本质上是熟人社会，普通老百姓大都是农民，又碍于当时交通技术的落后，大多数老百姓终其一生都不会离开故土，交易往来也基本在熟人之间进行，大伙低头不见抬头见，信任也就在熟人之间建立起来。现代社会随着科学技术的进步与市场经济的发展，必然是一个频繁与陌生人打交道的社会，此时如果法治不健全与缺乏公平透明的环境，那么人与人之间打交道将没有安全感，此时人们就会处处提防，自然而然会产生戒心，而且在我国诈骗所承担的后果非常轻，带来的利益却非常大，这也导致人们更不愿意讲诚信。全国各地还天天宣传反诈骗，许多地方强制让平民下载反诈骗 APP，我想说诈骗不是在我国合法吗？比如莆田系医院坑害了多少病人，欺诈患者花招层出不穷，至今二十多年仍在不断发展壮大，政府一直对其睁一只眼闭一只眼，难道只要给政府带来利益的诈骗就能合法？我国抄袭山寨遍地开花，自主研发却得不到保护，阶级固化又加剧了贫富差距，底层人士想要发家致富越来越难，当无法通过正规渠道通往上层，那么就只剩下歪门邪道了，当一个国家走捷径的人越来越多，也就没人再愿意走康庄大道。人有捷径可走，但国家发展却不能靠投机取巧，要想让诚信成为社会的主流，就需要营造公平透明的社会环境，用法治来维护公平与伸张正义。在法治社会里法律成为最高权威，人人在法律面前一律平等，人们在自由平等并有保障的基础之上才更容易产生信任，人们喜欢讲诚信也享受到诚信带来的好处，这样才能让诚信成为社会的主流。

6.11. 友善

友善是描述人与人之间亲密和睦的关系，我记得在我小时候街坊邻居的关系还很亲近，会经常往来并互相帮助，与亲戚之间的关系也比现在更加亲密，尤其到了除夕夜大家欢聚一堂，气氛非常愉快。虽然那个年代并不富裕，但人与人之间有着朴实的情感，而随着经济的发展与物质生活的提升，人与人之间的情感却变的越来越淡薄，即使现在人人都有手机更加方便联系，但是人人仿佛都戴着面具，不再会轻易表露出自己的情感，除夕夜的年味也越来越淡，再也找不到当初的感觉。我认为之所以会这样，最主要的原因是因为随着经济的发展，人们的心态也发生了翻天覆地的变化，以前人们基本处于同一生活水平，共同话题也比较多，可以产生出更多的共鸣，人们也更愿意表露出真实情感，而如今我国由于不公平的规则制度，社会贫富差距越来越大并形成阶级固化，这也让歧视与嫉妒接踵而至。有钱人看不起没钱人、城市人看不起农村人、富裕地区的本地人看不起外地人，而处于底层的劳动人民，大量时间都用来朝九晚五的工作，忙碌的生活已经无暇顾及一些非必要的联系，又在只注重经济发展的社会，促使大家一切都朝"钱"看，感情也就会变的越来越淡薄。除此之外，在专制政权的奴化教育与暴力威慑下，人与人之间就会产生隔阂，生怕遭受到他人的连累，因此人民变的麻木不仁，只懂得逆来顺受而不会团结起来捍卫自己的权益，对同胞正在遭受的不幸往往冷眼相待，缺乏反抗与斗争的勇气，而且随着专制程度的加深，对人民造成的危害也就越大。我国目前的专制程度已经很深，甚至超过了我们的好朋友伊朗，不要看伊朗被西方国家制裁的很惨，经济发展不怎么样，可伊朗还是拥有部分民主的，虽然伊朗的宗教领袖是个独裁者，但至少伊朗的总统是人民选举，伊朗人民也可以公开对总统进行批评，这在我国是不可能发生的事情，在 2022 年 9 月发生的一件事情也让我对伊朗人民刮目相看，一位伊朗女性被道德警察拘捕后非正常死亡，伊朗很多地区都爆发了抗议活动，伊朗的女性们更是勇敢的走上街头摘掉头巾，要知道伊朗女性的这些行为是付出了很大勇气，因为女性不戴头巾在伊朗属于违法行为。在反观我国，同年 9 月某地半夜转运隔离人员造成 27 人死亡，要知道当地因为疫情也没造成这么多死亡，但如此巨大的人祸却只遭到网上一些批评后，就不了了之。我想说防疫半夜拉隔离人员在各地是常态，难道乘客的生命安全比防疫还重要？关于为什么非要半夜拉人，我想是因为白天拉人害怕引起恐慌，半夜拉人尽量让老百姓不知情，这样又可以少公布一些感染人数，显示领导防疫有方。我不得不对我的国人说，大家可以对同胞的遭遇冷眼相待，但千万不能忘记，你我皆是大巴车上的人。我还要揭穿一个伪命题，有些人幻想回到第一代领导人统治时期，认为那时候人们心往一处想，劲往一处使，人与人之间的关系亲密无间。我想说那个时代人们的关系绝不是真正的亲密无间，一般专制国家里人们缺乏安全感，互相之间不容易建立起信任关系，但在极权主义体制下还有一些变化，独裁者依靠个人崇拜煽动与蛊惑群众，让他们心甘情愿为自己奉献一切，虽然这种煽动和蛊惑是非理性的，但在客观上统一了人们的思想，也就促进了人与人之间相互联系，但这种联系并非出自对个人良好品质或兴趣爱好的相互吸引，而是出自共同对领袖的非理性崇拜，这就是极权主义下虚假的友善关系，就像目前朝鲜人从出生就开始还将军恩情，他们整齐划一的步伐并非出自团结，而是被剥夺了思想，他们已经失去了生而为人最重要的东西，那就是自由。我认为人与人之间真正的友善关系，完全是出于理性的自发关系，政府只需要当一个监督者，维护好社会的公平与正义，人与人关系自然会变的友善。

6.12. 和谐

我国政府所宣传的价值与现实背道而驰，十二个核心价值观都可以写成十二恨讨共诏书了，那么社会怎么可能和谐？网络上的敏感词也越来越多，仿佛不让人们说话就实现了和谐，可现实却是社会的矛盾越积越深。我就从人民的思想状况、政治体制与经济三个方面来探讨不和谐的原因。首先从人民思想状况来讲,我国建立政权后逐渐步入极权主义,在极权体制的煽动下,国民对领袖有着非理性崇拜,这种狂热的个人崇拜在整个国家蔓延,但当时多数人都相信社会主义能够实现,人们为了共同的目标而一起努力,这在客观上促进了人们的"团结",只不过由于社会主义的先天不足,理想完全变成了乌托邦,现实的残酷敲醒了人们的美梦。教员去世后,高层终于决定务实一些,以经济建设为中心并开始改革开放,但由于国家只进行经济改革而忽视政治改革,专制下的权力与资本勾结起来压榨人民,导致如今我们国家没有继承多少社会主义的优点,却把资本主义的缺点展现的淋漓尽致。当今马列主义已经不在适用,而现代文明所提倡的普世价值又被统治阶层所抵制,这就造成了国民信仰的缺失,那么人民还能信仰什么呢?恐怕在如今灯红酒绿的世界信仰就剩金钱了,也只能用物质享受来填补精神上的空缺,国民信仰进入一切向钱看时代,人们沉醉于安逸享乐而变的越来越冷漠。我认为每个人都必须拥有崇高的精神信仰,绝不能把金钱当成信仰，不然任何东西都会被商品化，人和人之间将只剩利益关系，生而为人最重要的亲情、爱情、友情等情感将会越来越淡薄，那么将变成一个冰冷的社会。除此之外，每个国家的人民都拥有不一样的品质，都有其良好的品质与不足的地方，关键在于敢正视自身民族的不足并进行改正，我国民族有着一些非常良好的品质，但也存在劣根性，一些小毛病就不提了，这里只说最大的劣根性，我认为那就是专制文化里所遗留下的奴性。人民长期受到专制政权的压迫，就会在逆来顺受中变的麻木不仁，对于同胞遭受的苦难往往冷眼旁观，甚至在一个病态社会里生存久了，自身存在的毛病也成为理所当然，如今仍有不少人存在比烂心理，比如你说我们国家工人待遇差，他就说比非洲国家好多了，你说美国有什么优点，他会说华盛顿时期还支持蓄奴并屠杀印第安人，却不想想同时期的我国在干什么。国内有些人甚至认为美国在搅乱世界，而不去客观的想想，没有美国的世界只会更加混乱无序，首先两次世界大战如果美国不参与只会结束的更晚，那将又造成不计其数的人员伤亡。其次没有美国压制苏联，钢铁洪流可能会把红旗插遍全世界，中东地区的穆斯林国家也会打成一锅粥，还有美国在科学技术上的贡献也是有目共睹的。我国一些人对自己国家存在的问题一味辩护，对别国的优点选择视而不见，其实我国一位伟大的思想家早已把国人的劣根性看透，羞于承认自身的缺点而又不愿承认他人的长处，这不就是鲁迅先生笔下的阿Q精神吗？阿Q曾经说过："老子祖上也阔过，你们也有穷的时候"，阿Q精神就是以贬低他人获得幸福感并以自我安慰的方式获得胜利，阿Q精神是在专制社会中，国民长期被压迫所形成的一种病态心理，把人变的既自大又自贱，麻木而自私。而目前我国也有意营造出这种氛围，许多媒体动不动就是国家又赢了，某些国家搬起石头砸自己的脚，而一点批评的声音就被安上辱华的帽子，我国有一部爱国电影更是把这种精神发扬光大，我认为这些都是当代的阿Q精神。当然不是说不能为我们的国家感到自豪与骄傲，而是根本不去正视自身的不足与学习别人的优点，一味的只营造出胜利到麻木的自豪与骄傲，现实状况却与所宣传的严重不符，那么便只能陷入到自欺欺人的陶醉之中，就像末代王朝的统治阶层认为自己的国家是天朝上国，其实当时已远远落后于西方国家。如今我认为统治阶层是清醒的，只是他们故意营造出这种氛围，以此来让国人沉醉于他们精心编制的谎言里，这样便能达到维稳的目的，但如果阿Q精神在整个国家蔓延，那么这个国家将失去进步的机会，而且一个国家的法律可以起到震慑作用让坏人不敢去作恶，却无法让一个好人行善，如果一个社会缺乏勇气与帮助，那么整个社会都将变的冷漠无情，这样的社会与弱肉强食的动物世界又有什么区别？人类文明是进步还是退化？当我们民族什么时候可以团结起来拥有伸张正义与维护公平的勇气，我们国家的未来才有希望。

　　关于政治体制对社会的影响，我想说说我所在的地区，毕竟我在这里生活了二十多年，亲身经历了本地的繁荣与衰败。在我小的时候，没有现在的高墙铁网、也没有到处都是警察与安检，但那时照样很安全，经济也在快速发展。好景不长，一场少数民族引发的暴力事件，逐渐让本省成为我国专制程度最深的地方。我先来谈一下我的看法，首先本省名义上是自治区，但专制体制下主体民族都没有民主，更何况是少数民族，专制造成的压迫在本省更容易引发民族矛盾，所以民族积怨越来越深，少数民族整体对国家认同感不高，导致分裂势力抬头。其次由于边疆地区发展落后，体制性的贪污腐败更是让这片土地雪上加霜，贫穷造成的愚昧让本省少数民族更容易受极端宗教影响，这才给恐怖主义可乘之机。暴力冲突发生后，中央并没有重视造成悲剧的根本原因，而是采取暴力镇压与强制同化，这完全造成事态进一步恶化，在错误的道路上越走越远。事情已经走到这一步，确实也只能用暴力来惩治暴徒，但目前任意对少数民族进行大规模拘禁与施行歧视性政策，我认为这是完全错误的做法，因为一小撮暴徒而区别对待整个少数民族，这种做法非常野蛮，这样只会让少数民族埋下对国家仇恨的种子，而且常态化维稳严重阻碍经济发展，越来越多的人离开这片土地，经济衰退与强制同化，这只会让民族矛盾越来越大，一旦政府没有财力进行大规模维稳，那么分裂势力又将会迅速崛起，我绝不是危言耸听，时间终会证明一切。大规模拘禁少数民族的培训中心也严重违法，因为法律是强制性的社会规范，法律只能对公民行为做出判断，而不能判断其思想，由于人的心理活动外界是无法窥测的，思维具有随意性根本无法取证，所以凭借思想来定罪必然导致遍地都是冤假错案，这完全是漠视法治与践踏人权，走极权主义体制的老路。我有一位本省南方的少数民族朋友告诉我，光他们市就拘禁了十几万人，执法人员会对认为需要进行思想改造的市民口头通知，让他们进监狱和去培训中心二选一，在培训中心的市民除了每天进行"爱国教育"外，还要进行强制劳动，听他描述会每天按时把他们带到当地工厂进行强制劳动，每月没有固定工资只发几百元生活补助，平时也只能住在培训中心，偶尔在严密的监视下才能回家。没被拘禁的少数民族也不好过，本省少数民族都不给办理护照，无法自由出入境，他们基本都被限制在当地生活，去其他地方无论是找工作还是租房都会受到种种限制。有人可能会问，你怎么确定发生了大规模拘禁呢？是的，我并没有亲眼见过，但我的很多少数民族朋友都向我说过此事，而且都是他们的亲身经历。我觉得一个人会说谎，两个人可能也会说谎，但很多人都这样说，那么就绝不是空穴来风，而且我有一个好办法能够证明他们所说是否真实，那就是允许记者自由的进入到这些所谓的培训中心，到时候真相便会大白于天下，但从培训中心的高墙铁网与禁止外人访问，就说明事情没那么简单，更像是做了一些见不得人的勾当。我想说区别对待与强行同化某个民族与现代社会提倡的普世价值格格不入，早该被现代文明所抛弃，但如今却在我国再次发生，我只能说这是由于落后的体制让国家产生如此野蛮的行为，现代文明不仅是物质上的文明，更需要政治文明与文化文明。我想如果给予少数民族部分自治的权力，并发展经济与有效的遏制腐败，那么少数民族感觉到自己成为国家的主人，生活质量又不断提高肯定会增强对国家的认同，促使他们融入到一个国家之中，但这对于专制政权来说难上加难。本省除了建立起培训中心大规模拘禁少数民族外，还建立起无数警务站用来维持稳定，我在本地的警务站也工作了几个月，以此来全面了解警务站的工作内容，进去后得知我所在的首府就有上千座警务站，每座警务站大约有二十人，警务站每天都有指标盘查群众，见了谁都像遇到坏人一样，要检查身份证或手机，如果在检查中发现手机里存有暴恐音视频，那么无论你是否传播过这些视频，都会被送到培训中心学习十五天，而且上级还要求每天完成一些其他指标，比如必须每天在网上找到一些对政府的负面言论，又或者必须抓住几个遛狗不牵绳的市民，这些便民警务站耗费了大量人力财力，却只起到扰民而没有便民。说完警务站再说社区，本省另一特色就是基层社区的权力非常大，所有小区居民都在社区的监督与管理之下，每一户家庭都分配一位包户干部，负责对居民进行监管。不服从社区管理的居民，社区有权断水断电甚至直接封门，居民小区大门都装有联网摄像头，进入人员都需要刷脸，以此来排查一些社区重点关注对象。社区重点关注对象是邪教人员、前科人员、上访人员、吸毒与精神病患者，这里想吐槽一下当地政府把上访人员当犯人一样对待，随意剥夺他们的人身自由，这真是也属于我国特色。疫情期间这些权力过大的基层组织又层层加码，把老百姓搞得苦不堪言。从我的故乡就可以看出体制之恶，专制政权的偶尔开明并不能证明它多在乎人民，而只能说统治阶层与人民的冲突较少，当人民利益与统治阶层利益有严重冲突时，人民便会遭到残酷镇压。本省起了一个非常不好的开头，我所在的地区也只是全国的一个缩影，未来整个国家都变的和本省一样也不足为奇，因为奴役从来不会由于沉默而消失，只会因为沉默而扩大，本省先有成千上万的少数民族被非法拘禁，再到警务站社区无休止的维稳扰民，最后全省被一刀切式防疫政策长期封锁，导致本省人民纷纷想逃离这片土地，正如网上所说的那样："人们想去的地方不一定是天堂，但让人们逃离的地方一定是地狱。"

如今我国政治体制的滞后，必然会阻碍经济的进一步发展，有些人可能会问，那为什么我国经济近几十年一直在快速增长？我的答案是让子弹飞一会，当潮水褪去时，才知道谁在裸泳。我认为经济如何高速增长都不重要，重要的是经济增长到底给人民带来了多少好处，而如今我国的人民富裕起来了吗？都说股市是一个国家经济的晴雨表，我国股市大盘指数十年不变就已经说明问题，我国经济都增长在钢筋混凝土里,靠政府举债大拆大建让我国连续多年经济保持了高速增长,但这种投资驱动型经济也让我国经济结构日益不协调与不可持续,地方政府背上了沉重的债务,当地官员之所以热衷于大拆大建,主要原因是既可以创造政绩又可以从中谋利,但这造成许多工程都烂尾或是无效投资,而地方债务一部分必然从征税中填补,官员的弊政最终还是由人民买单,高房价、高负债、低工资让民生倒退,当今许多所谓的富人只是财产集中体现在房产上,但要知道那不过是纸面财富而已,一旦房地产泡沫破裂,财富也就灰飞烟灭。2023 年初一部反黑刑侦剧大火,我认为电视剧已经很收敛了,现实远比电视剧精彩,剧中黑老大原型的靠山可是正国级中央政法委书记,黑老大可以左右司法判决甚至官员升迁,简直是一手遮天了,像剧中的那种黑老大在全国各地都有,他们都只是充当官僚的工具人,所以人民对他们仇恨并不深,人们更加厌恶的是他们身后的保护伞。想想也是,没有这些保护伞,黑老大肯定会被消灭在萌芽之中。这些黑恶势力充当官僚的马前卒,强拆强占为政府基础建设与房地产开发节约了大量成本，不过却是以牺牲人民利益为代价换来的，这条发展之路确实很有特色。当然基础建设还是为人民提供了一些便利，但房地产的无度扩张却一直在榨取人民财富。按照国际惯例，住房价格与城市居民家庭年收入之比在 3-6 倍之间为合理区间，而我国普遍在 9 倍左右，一线城市甚至高达 30 倍以上，高房价最大的受益方无疑是政府，在房地产开发项目的总费用中，有接近一半是向政府支付，我国土地拍卖也是地方政府的主要收入来源，这也是为什么房地产税迟迟没有出台，正是由于房地产给地方政府带来巨大利益，在政府的干预和炒作下，国家的房价开始不合理的暴涨。房价的增长仿佛让所有人都从中受益，首先地方政府靠拍卖土地赚的钵满盆满，其次房地产商与相关上下游产业也能赚到钱，最后房价的上涨让居民的资产提升了，看似所有人都从中受益，但要知道一般居民对房屋都是刚性需求，房子要居住很久，不可能说卖就卖，而且高房价让购房者背上了沉重的债务，房贷利率本来就非常高，我国预售制度又把风险转移给购房者，西方国家预售房产会先把资金交给第三方保管，楼房建成后一手交钱一手交房，这样才能保障消费者权益，而我国直接把预售款打给开发商，地方政府、银行、开发商的最大利益都得到了保障，购房者一旦断供不仅房子没了，本金也拿不回来，还有可能欠银行一屁股债，然后被列入失信人名单。如果房价一直居高不下，让许多买房者望而却步，那么住房的人将越来越少，炒房的人会越来越多，不合理的房价只会把房地产泡沫越吹越大，泡沫的破裂也只是时间早晚问题。目前的房地产已经让政府陷入两难的境地，房地产的崩盘会严重影响政府收入并可能引发经济危机，所以政府并不希望房价大跌，但继续纵容房价上涨将更加危险，政府目前的做法就是靠拖，既限制房价大涨又限制其大跌，但拖延终究不是办法，高房价已经造成许多城市有价无市，并且严重抑制人民的消费能力，房地产就像蓄水池一样聚集着大量财富，其他行业则逐渐枯竭变成一潭死水。我国房地产经济的疯狂扩张让后来人不断填前面人挖的坑，但坑总有填不住的一天，是泡沫也总有破裂的时候。目前我国二、三线城市的房价已经开始持续下跌，随着以后人口的减少以及虚高的房价，我认为未来很多年内房价只会不断下降。房地产经济的过热也少不了银行的推波助澜，房地产作为银行的主要抵押物，银行自然也就与房地产一荣俱荣、一损俱损。银行一边贷款给房地产商资金，另一边贷款给居民买房，从而实现双赢，不过看似稳赚不赔的买卖，一旦房地产价值下降，抵押物也就随之缩水，银行就容易形成坏账，所以我国银行看似有国家兜底扩张无度，实则坏账率居高不下，而银行又不能学其他国家宣告破产，所以就和房地产一样不断拖延。银行看似聪明把资金都借给大公司，尤其喜欢把资金借给房地产公司，但殊不知这些大公司一旦倒下对银行来说就是灭顶之灾，真正缺乏资金的广大小微企业却很难贷到款，银行并没有启到发展经济的中介作用，而是和房地产一样成为政府的金库，帮助他们敛财并任由其支配。银行的失职导致影子银行泛滥，影子银行是指游离在银行监管体系之外的中介体系，包括委托贷款、资金信托、地下钱庄、民间借贷等。这里我想说说前几年很火的P2P，中文翻译过来叫点对点网贷平台，从2007年第一家网贷平台成立，

2012 年如雨后春笋般快速兴起，再到 2018 年爆雷不断，直至 2020 年完全归零，P2P 爆雷的主要原因是监管不严，导致许多网贷平台都利用庞氏骗局圈钱，但由于这些影子银行客观上替银行分担了金融风险，政府也对他们睁一只眼闭一只眼，直到 P2P 频频爆雷之后才开始干预，那时许多老板早已卷钱跑路，广大投资者则血本无归，血淋淋的教训再一次告诫我们，国家不会为自己的失职买单，买单的永远都是人民。银行是国家的敛财工具，其他暴利行业石油、通信、烟草亦是如此，这些垄断企业非常容易压榨消费者，如油价一直居高不下，无论国际油价如何下跌，国内油价都高高在上，网上许多人都调侃难道是因为油桶涨价了吗？最可笑的是石油企业还年年亏损，真是滑天下之大稽，垄断暴利行业竟然还会亏损，我认为可能是石油企业福利太高，人人喝茅台导致亏损。国内特权阶层利用不公平的规则制度疯狂敛财，人民只能充当韭菜，有些人可能要说：我没有车也不抽烟不喝酒，大不了手机都不用，这样总能躲过韭菜的命运吧？非常遗憾的告诉你，你只要还在国内生存就不可能躲过镰刀，因为普通人都需要靠劳动赚取一定报酬，又都需要购买一些商品。先说劳动的成本问题，大西国改革开放之初一穷二白，只能依靠廉价劳动力吸引外资，并且凭借人工低的优势扩大出口，所以根本没有什么改革奇迹，所谓的奇迹都是带血的。后来经过几十年的经济增长，国内劳动力却依然廉价，这就非常不合理，有人说这是因为国内劳动力众多，但我认为不能总拿人口多当借口，最近几年劳动力已经明显短缺，但劳动者报酬却不见上涨，这里面主要原因是分配不公与贪污腐败的问题，而早已不是人多人少的问题，一方面说招工难，一方面又不提高工人待遇，这种做饭时候嫌人少，吃饭时候嫌人多的做法，完全就是把压榨工人当成一种优势，真是不以为耻反以为荣。再说消费商品，国家对人民财富的收割，最主要还是靠征税，有人可能又要说了，每个国家都要征税，凭什么我们国家就叫收割？美国爆发独立战争的原因之一，就是美国在英国议会里并没有议员，所以美国不同意给英国纳税，"无议员，不纳税"已经成为民主国家的基本政治原则之一。想想也是，如果人民都没有权利参与政治,那么又如何防止政府横征暴敛?所以在当今民主国家中,征税都需要通过由人民选举组成的议会同意,而不是政府想怎么征就怎么征,我国由于体制原因征税很少顾及民意,必然会造成横征暴敛。我国税目种类也繁多,政府的主要税收来源是增值税,增值税是一种间接税,而最终全部税额都将落在消费者身上,所以无论如何也不要想着置身事外能逃脱当韭菜的命运,就算完全不消费把财产全存到银行也会亏损,因为银行的那点利息根本跑不赢通货膨胀。如今我国施行的国家资本主义,官僚们利用特权与贪腐敛财,经济高速增长时民间也许还能喝点汤,一旦经济增长放缓民企则朝不保夕,工薪阶层更是处于水深火热之中。总而言之,我国的体制是以非市场化的方式,把土地、商品、住房等要素的成本让全国人民买单,而利用特权与贪腐的收益归权贵阶层所有,如今国民信仰的缺失、统治阶层对人民的压迫、经济上不公平的分配与严重的贪腐,才是社会不和谐的根源所在。

第三章 未来之路

第一节 未来的经济

我国未来的经济之路很明确，就是要从垄断经济向自由经济过渡，由于目前的国家垄断与民争利造成财富都集中到政府手中，人民的生活却在倒退。国企的垄断让权力与资本结合便敞开了特权之门，不仅损害了社会的公平，不利于优质企业成长，国企还比单纯资本家垄断市场更可怕，因为资本家只图钱，国企还会事事与政治挂钩，用控制经济来达到一些政治目的。红色权贵已经掌握了国家的经济命脉，比如李氏电力家族、江氏电信家族、曾氏石油家族等等，难道这就是所谓的特色社会主义经济吗？国家对市场进行垄断，还会扼杀创新能力，人类发展至今经历了三次技术革命，每一次革命都给人类社会带来了翻天覆地的变化，而这三次技术革命都诞生在自由竞争的环境里，垄断本身就会扼制创新能力，国家垄断对创新能力的扼制更为严重，由于官僚天性就趋于保守稳定，和勇于冒险的商业创新精神不沾边，如果市场失去了创新能力，便犹如一潭死水毫无进步可言。保持经济活力的秘诀就在于自由竞争，自由竞争绝不是放任不管，而是确保市场在公平、公正、公开的环境里自由竞争，政府对经济市场只需要起到监督作用，偶尔进行一些宏观调节确保市场的良好运行，也可以说政府的作用就是维持自由竞争下的市场稳定运行。我国政府近几年开始整治互联网行业垄断，我认为这不是贼喊捉贼吗？所有暴利行业都被政府所垄断，要反垄断最应该从国企开刀，这样才能让人心服口服。从目前形势来看，政府只是打着反垄断旗号，顺便把互联网行业国有化而已，有些人还认为这是好事，可以防止互联网企业被外资控制。问题是外资并没有损害用户权益，但国有化后一定会损害用户权益，因为政府掌控互联网行业后，出于维稳的政治目的，更加便捷对用户进行监视，广大互联网用户将毫无隐私可言，这绝不是耸人听闻，政府那不受约束的权力，必然总倾向于权力的滥用。民企被国有化本身就是错误，这种做法会打击民间创业的积极性，还会加速资本外流，而且正如我前文所说，对私有

财产的保护是守护自由的底线。我国的国企号称全
民所有，可是人民连对这些企业的监督权都没有，
又何来全民所有？国企体制僵化效率低下，石油这
种暴利行业都能让国企经营亏损，那么还有什么行
业能保证国有化后盈利呢？我也并不是说不能存
在国企，国企应当偏向于公益性与投资大、回报慢
的行业，比如航天业、公园、博物馆、邮政系统等，
这样才能避免公权者以权谋私。当然这还不够，无
论政府还是市场都需要受到法律的约束与监督，这
也是我国特别行政区一度成为世界第三金融中心
的根基，我国不常常说开放的大门会越开越大吗？
但问题在于一个不守规矩失去公平的市场，也就失
去了客人。国内企业一旦做大都有可能被国家吞并，
又如何去保障外资安全？连自由兑换都不能保证
的本国货币，又怎么能指望它去国际化呢？所以当
前即使国内政策再好，也无法吸引更多的外资，更
不可能在国内形成世界金融中心。我国已经再次走
到经济改革的十字路口，如果继续把房地产当成支
柱行业无异于饮鸩止渴，只会让老百姓的负担更加
沉重，而且这次疫情结束后造成的失业潮比九十年

代末国企改革造成的失业潮更为严重，那时的国企
改革虽然造成很多人失业，但民企的发展以及后来
加入世贸都给市场注入了活力，这让劳动者更好的
实现了再就业，而目前在投资、出口、消费都已开
始萎靡的时刻，很多家庭都陷入到高负债之中，保
持现状只会让民生更加艰难，只有逐步让房地产价
格下降到合理区间，国家彻底放弃对暴利行业的垄
断，建立起法治下公平透明的市场，才能使人民真
正享受到经济增长带来的好处。未来我国在法治下
施行自由竞争的市场经济，才是经济繁荣的根基。

第二节 未来的文化

制度再好也是由人来执行，所以当今一个国家
内大多数人思想的转变非常重要，我国如今首先就
应当抛弃大一统理念，现代文化追求的是独立、自
由与多元，而不再是专制文化中强调的依附与统一，
加速师当今还在鼓吹统一思想、统一意志、统一行
动，真是大开历史倒车。国内有些盲目自大的人还
嘲笑美国没有历史，但我国拥有五千年历史却被年

轻的美国甩到身后，其中的缘由难道不值得我们深思吗？美国建立之初的先天优势就在于文化更加先进，而且美利坚民族拥有很强的务实精神，美国人民从来没有刻意去打造过人间天堂，而是活在当下为自己的梦想奋斗，普世价值与务实的奋斗精神才是美国强大的根源。我们民族一方面可以自豪的认为文明从未中断过，但另一方面也应该承认专制文化造成的奴役从未停止过，文化通过教育代代相传，所以我认为我国要想融入现代文明，就必须要启动教育改革。我国在很长一段历史长河中，教育都是为政治服务的，那么从这样的教育中则很难产生出进步思想，而如今我国的教育仍然存在这个毛病。我先来明确一下现代教育的目的，德国著名的教育家斯普朗克曾说过："教育的最终目的不是传授已有的东西，而是要把人的创造力量诱导出来，并将生命感价值感唤醒。"这句话说的很精彩，完全在大自然环境下成长起来的人类，他们和现代教育培养出来的人根本不同，脱离教育的人类与野兽无异，教育的伟大之处就是把人类培养成为人，而在我国传统教育下依然培养不出完整的人，他们缺乏独立的人格。现代教育的首要目的就是要打破精神上的枷锁，让人们拥有独立思考与判断的能力，而培养独立人格则需要家庭教育、学校教育、文化教育、社会教育共同去塑造一个人，我认为家庭、文化与社会教育的转变首先要从学校教育的改变开始，因为大多数人的成长时期都在学校里渡过，学校教育对国人思想观念的转变至关重要，我国首先就应当从应试教育向素质教育过渡，而且需要回归现代教育本身的目的，不能再让政治凌驾在教育之上。我认为教育改革和政治改革一样，主要问题不是能不能而是想不想，解放思想并让人们成为拥有独立人格的自由人，这对专制下的统治阶层来说的确是灾难，但保持现状只会给人民带来无穷无尽的灾难。时至今日，我国教育虽然知识面没有以前那么狭隘，但仍采用应试教育，应试教育靠死记硬背来学习知识，不考虑学生是否真实明白其中含义与实际运用情况。文艺复兴先驱蒙田曾说过："读书对我的用处主要是通过读书启迪我的思想，运用我的判断，而不是充塞我的记忆。" 应试教育不仅扼杀了学生们的独立思考能力，还会埋没大量人才，在我上学期间身边就有不少人因为偏科而失去继续深造的机会，那么整个国家因此而失去的人才就数不胜数，而且应试教育只重视知识灌输，轻视其他素质培养，这样的教育更容易培养出畸形人格，比如国内有很多高分低能的学生，虽然他们考试分数很高，但人际交往能力、实践能力等其他能力却非常差。我曾在短视频里看到一位高三女生的誓师大会演讲，他在视频中激情澎湃的表达了对高分的渴望。这位女生后来遭遇了网暴，我想说被抨击的应该是她身后的教育体制，而不该是她本人，因为她也是教育制度的受害者，看似她在演讲中激情澎湃，但其实只表露出对分数的崇拜，我认为用分数来决定人生是荒谬的，好像考不到 600 分人生就失去了意义。永远要记住，每个人的青春应该是五颜六色的，学习知识也只是为了实现我们的价值与追求梦想，而绝不是最终目的。我身边也有这样的人，高考虽然考了 600 多分，但他除了学习之外的其他能力都非常欠缺，不善与人交往也没有任何兴趣爱好，学习的知识完全靠死记硬背而不求甚解，他妈妈谈起他时还非常自豪，但我却认为这真是教育的悲哀。教育最重要的目的是发掘与引导学生的自我潜力，世界上没有相同的一片树叶，也没有完全一样的人，每个人都拥有独一无二的灵魂，天赋也各不相同，好的教育不是培育出没有缺点的人，而是善于发掘出他们身上的优点，而且在心智还未成熟的童年，应试教育给这些儿童太大压力。我认为儿童时期施行快乐教育非常重要，因为每个人在儿童时期健康快乐的成长，对其后天人格形成有着重要影响，应该让孩子多亲身实践，少让父母帮忙，儿童时期既不要学会事事听命他人，也不能学会命令别人，在孩子的脑海里不应该有服从与命令，而应当学会责任与义务。专制国家的教育不就是强调服从性，把人们变的逆来顺受，最终达到奴役人民的目的吗？没有人比我国统治阶层更了解本国教育，所以统治阶层往往会把孩子送到外国读书，从而接受良好的现代教育。现代教育重视每个人的思想道德素质、能力培养、个性发展、身体健康与心理健康，现代教育不仅仅是学习文化知识，更重要的是把学生培养成一个独立而自由的人。我国如今的教育制度既埋没了无数人才，又培养出大量奴才，很多大学生毕业即失业，学历仅仅沦为敲门砖而别无他用，国家花费大量财力培养出一批批书呆子，国家也提供不了足够多的高学历就业岗位，那么往往结果就如网友所说的那样："学历是我下不来的高台，也是孔乙己脱不下的长衫"。而且在我国只要有钱有权，那么获得学历也是轻而易举，这真是教育的失败与人才资源的浪费。这也说明国家的发展方向出现了问题，经济的发展并不是靠源源不断的人才来驱动。这里想调侃一下，我国经济发展不靠人才靠茅台，在酒桌上举杯换盏的一片赞美声中就赢来了经济的增长，网上有人说爱因斯坦来到我国都要学会递烟陪酒，这虽然是一句玩笑话，却说明了一个问题，在我国人情世故比什么都重要，根源是因为权力在作怪。除了人才的流失，我国为了维持专制统治还进行奴化教育与仇恨教育，奴化教育让人民对统治阶层卑躬屈膝，仇恨教育则用来转移国内矛盾，这样的后果是让许多国民深受其害，培养出大量奴才与野蛮极端之人。当下在网络上随处可见一些网友非理性甚至反人类的言论，比如一些网友叫嚣武统后留岛不留人，又或者高喊杀光小日本，并且只要和我国关系不好的国家发生灾难，他们都会表现出一副幸灾乐祸的样子，他们虽然政治正确，却已经失去了理性与人性。曾经国内有一位老师对二战日本屠杀我国公民的人数产生了质疑，注意只是质疑而并没有否认，老师对待历史本就应该严谨一些，真相本身也是越辩越明，根本不怕被质疑，害怕质疑只会让人觉得做贼心虚，可这位严谨的老师却因此丢了工作并遭遇网暴。我很欣赏这位老师所说的一句话，她说："我们不应该去恨，而应该去反思战争是怎么来的。"这句话说的多好呀，历史本不该被忘记，忘记历史有可能让我们重蹈覆辙，我们应当从历史中吸取经验教训，让悲剧不再发生。二战时期日本深受法西斯主义的毒害，培养出一批批狂热的极端份子，这段历史也告诉我们法西斯的军国主义道路不可取，在法西斯主义的影响下命如草芥，人民成为了统治者实现自身野心的工具。我国是由于经济、文化、政治、军事的落后才难以独自抵抗日本的侵略，所以我国需要这些方面的进步，另一方面也要防止本国与周边国家法西斯主义的卷土重来，而不是一味将民族仇恨延续

下去。如果现在我们也去屠杀日本平民，那我们和
当时残忍的日本军人又有什么区别？日本如果再
复仇侵略我国，那么战争将无休止下去，遭受苦难
的永远是人民，当然有些日本政客不承认侵略历史
并祭拜战犯，这必须要遭到谴责与抵制，对战犯的
崇拜就是对我们曾经遭受苦难人民的极大不尊重。
现代文明是自由的文明，这就需要政府不能对社会
的多元化横加干涉，有一些自由也必须得到保护，
言论自由、信仰自由、出版自由、宗教自由、学术
自由都是思想自由的重要表现，这些自由都需要得
到国家保护，以此来捍卫思想自由，不能像现在一
样建立网络防火墙与外部世界隔绝，又限制人们的
出版自由与学术自由，还容不下对政府的批评之声，
政府必须要放弃对新闻媒体的垄断，独立的新闻媒
体对公权力的运行启到良好的监督作用，并能捍卫
正义为平民发声，我国目前垄断下的新闻媒体沦为
政府的喉舌，所谓的人民日报从来不为人民发声，
每天的新闻也只报喜不报忧，这样的新闻媒体不但
不能为弱者发声，还间接成为了公权力作恶的帮凶。
未来我国要放弃对思想自由的种种限制，教育制度

也必须进行改革，本土文化中融入普世价值并实现
文化的包容与多元，这才是文化繁荣的根基。

第三节 未来的政治体制

　　未来我国制度要从专制向宪政民主转变，有些
人说民主制度不照样选举出昏庸无能的领袖吗？
与其这样还不如施行专制。我想说宪政民主与专制
相比，最大的优势从来都不是能选出更卓越的领袖，
而是能制约领袖手中的权力，防止他们滥用权力。
宪政民主制度下，权力时刻都被制度所约束着，即
使民选领袖平庸无能，但他至少无法压迫人民。在
专制体制里，人民基本不会成为政治的受益方，但
却一定是政治最大的受害方，好的政策不一定会落
实，坏的政策却是层层加码，再加上整个专制官僚
体系都非常腐败，最终会把国家拖入深渊，人民将
遭受无尽的苦难。我希望国人能尽早看清现实，就
算目前经历了几十年经济增长，但统治阶层利用特
权分走了大部分蛋糕，普通民众并没有富裕起来，
而且目前经济已明显开始衰退，还指望未来能生活

的更好吗？可以预见在加速师的带领下我国将持续走下坡路，但加速师只是加速，在现行体制下谁当领袖都救不了国家，现代社会的经济、文化、政治密不可分，三者共同发展才能真正迈入现代社会，我国文化与政治的滞后注定会让经济改革走向失败。这里主要说政治体制改革，首先我国未来必须要施行民主制度，而关于政体的类型，因为我国幅员辽阔，如果政府频繁垮台，那么将导致国家混乱，所以我国并不适合内阁制，而更适合总统制下的强权政府，国家施行三权分立下的两院制，并把中央和地方的权力划分清楚，总统由全民直接选举。我认为这是最适合我国的政体，但这只是理想状态，随着未来局势的变化还需要视情况而定，我的原则是只要我国走宪政民主之路，那么最终是什么样的政体都能接受，哪怕是把加速师当成吉祥物供奉，建立起君主立宪制都行，因为我国能迈出这一步就实属不易，光去一味仇视无产党也没多大作用，只有找到引发灾难的根源并进行改变，才能让灾难不再重演，不然谁执政都一样，屠龙者终成恶龙。我认为我国从专制到民主的转变，目前有三种有效的方式。首先我个人不赞成暴力革命，社会发生动乱最直接的受害者还是广大人民，所以我认为最好的方式就是自上而下的革命，就像同是社会主义国家的越南改革，逐渐实现民主化。在这种情况下我国仍然可以保留一党执政，在此基础上再进行政治改革，逐步实现司法独立、民主政治等。这条道路是我国实现民主制度最好的途径，对社会冲击力最小，也对人民伤害最轻，但走这条道路需要一位拥有很大魄力的开明领袖，一方面要顶住党内顽固派的强大压力，一方面又要有条不紊的坚持民主化改革，在我国目前的政治体制中，很难出现这样的领袖，所以这条道路目前不容易实现。第二个方法是自下而上的革命，迫使执政党进行民主化改革，有些人可能要问为什么不是推翻政权而是迫使改革，我认为那些抱有等待我国人民推翻政权的想法，可以趁早丢掉这个幻想了，现代社会早已不是传统社会的冷兵器时代，统治阶层的武力比平民强大太多，统治阶层对社会的管控力也不是传统社会所能比，等待手无寸铁的平民去推翻政权，简直是痴人说梦，但也不是说人民就束手无策了。现代社会是一个分工精细的社会，城市的中产阶层人数众多，如果中产阶层联合起来捍卫自己的权益，那么将是一股强大的力量，足以让社会难以维持正常运转，统治阶层也必须重视与谨慎对待，所以当今和平争取权利的机会比任何时候都大。我提倡采取和平的方式进行抗争，这样才能降低对社会的危害，统治阶层也会更加谨慎的使用暴力，但是考虑到前车之鉴，统治阶层也可能派出便衣警察进行镇压，那时和平的方式也将造成流血甚至牺牲，但与被统治阶层长期压迫相比，我认为这些英雄的血没有白流，人民将铭记他们的功劳。目前也是最佳的和平抗争时机，三年严格的防疫让普通民众的生活质量严重倒退，很多人因此失去收入来源并负债累累，如果此时广大民众联合起来提出民主诉求，让国际歌在这次运动中响彻云霄，正如歌词中写的那样："从来就没有什么救世主，也不靠神仙皇帝，要创造人类的幸福，全靠我们自己。"这次疫情除了体制内的四千万人员外，其余十三亿多的人们皆受到严重影响，而且影响还会持续多年，如果这都无法唤醒人们争取自身权利的意识，那么我认为我国未来将很有可能变成第二个朝鲜，完全丧失自下而上革命的可能性，不过这也不能完全怪罪于人民，他们在专制政权的欺骗与暴力下选择忍气吞声也情有可原。接下来就是第三种方式，第三条路需要在几个明确的前提下才可能实现，那就是武统、美国积极干预和宝岛进行反攻，这三个条件触发后，最终能否成功就看人民的选择。我预测加速师在第三个任期内国家如果没有发生大的动荡，那么他将会进行武统，以完成他大一统的梦想。我也热爱我的祖国，希望国家能实现统一，但我认为在如今的 21 世纪，只有和平统一这一条道路，如果大陆走向宪政民主，与宝岛谈判组建联合政府，这才是最有希望完成统一的方法，不过回归到现实，红色政权很难放弃手中的权力，宁可武力统一也不会组建联合政府。我先说结果，武统无论如何都会失败，不仅祖国无法统一，还将加速祖国分裂。在媒体的渲染下很多人觉得武统会速战速决，国内一些网友戏称早上开战，中午岛内居民就可以领大陆身份证，晚上就去宝岛旅游，还有的教授也叫嚣在强大的武力打击之下，当地居民必然很快屈服投降。这些结论在我看来也不足为奇，因为平民阶层整天被媒体洗脑，而精英阶层则是为了生存，所以他们得出这种结论也不奇怪。我将从三个方面来分析武统注定失败的原因，首先从国内方面来说，专制体制本身就结构脆弱，发动战争又将加速引爆国内矛盾，别看当今国内有不少键盘侠支持武统，当战争来临之时他们绝不会奔赴前线，而最有可能变成被维稳的对象。现代战争消耗巨大，战争很有可能成为压死骆驼的最后一根稻草，导致爆发经济危机的可能性大大增加，那时民生将大幅下滑，底层人民的生活更加困苦，成为社会不稳定因素，统治阶层又要增加维稳成本，国家财政将入不敷出，经济面临崩溃，最终战争也难以维持。除了经济方面，专制体制下军队系统也非常腐败，这会极大的削弱军队战斗力，我国军队又要消耗大量时间学习政治，严重腐败与天天学习政治的军队，能否打胜仗就让我们拭目以待。第二个方面从宝岛来说，宝岛目前是我国最后的净土，特别行政区的遭遇已让岛内人民看清了形势，专制与民主是天敌，一个国家之中根本无法容纳这两种制度，已经实现民主化的宝岛必然上下一心殊死抵抗，古代打仗都讲究天时地利人和，宝岛此时完全占据了上风，所以宝岛必然不会被轻易征服。退一步来说，即使武统成功占领了宝岛，但维持统一的代价必然十分高昂，岛内两千多万人口，大多数都不服从管理的话，那么如何去处置这些人？我想中央可能还会利用"培训中心"来改造他们，那将又会引发更多的人道灾难，引起本地居民此起彼伏的抵抗运动，这会成为刺入红色政权体内的尖刀，无时无刻都在放血，国家很难维持高昂的统治成本。第三方面就是国际社会方面，西方世界肯定会联合起来制裁我国，经济上的封锁导致外资企业纷纷撤离，第一岛链将彻底把出海口堵死，那时会对经济造成灭顶之灾，我国最终将被迫闭关锁国，而且军事上美国与日本直接出兵的概率非常大，但会把战争规模严格限制在局部冲突上，毕竟对有核国家的战争需要谨慎，一旦美国和日本进行军事干预，那么我国武统成功的概率将几乎为零。我国与对方海军实力相差不小，海面战斗占不了任何便宜，也只能对宝岛进行有限的远程打击，这种情况下我国就和目前的俄罗斯一样，处于进退两难的境地，但最终的结果很明确，武统只会狼狈收场，既没能收复宝岛，又遭受严重损失。武统还将彻底失去岛内民心，当今岛内多数人只要求维持现状，武统失败后分裂势力必将抬头，反而加速了宝岛与祖国的分裂，所以我认为武统这条道路是万万行不通的，我国那时的政治也将处于孤立无援的境地，经济上改革开放四十年成果毁于一旦，大量民众又陷入赤贫。不过危机危机，即有危险又有机会，我认为这种危难时刻也是我国进行改革的机会。武统失败后国内人民又处于水深火热之中，虽然我不想承认，但不得不说普通民众只有处在水深火热之中才会想去改变，而完全没有居安思危的精神，这时只要宝岛进行反攻，就有机会实现国父先生的遗愿，用三民主义统一祖国。有些人可能会说我这想法太疯狂了，区区一个弹丸之地，如何能反攻大陆？我想说红色政权完全没有看起来那么强大，反攻计划也不是让宝岛占领全境，而是用战争逼迫红色政权进行改变，而且仅凭宝岛自身的力量肯定不够，必须要得到美国的各方面援助。我希望美国也不要只注重眼前的一点利益，只想让大陆与宝岛保持现状，虽然战争会带来一定损失，但如果能让我国走向宪政民主，那么未来的世界肯定会更加和平与繁荣。我认为经过几次海战摧毁大陆的海军力量后，宝岛对大陆的一些重要岛屿进行控制，然后在与大陆进行和谈，谈判条件不光要大陆放弃武统，还要进一步要求其进行政治体制改革，因为只要红色政权一天还是专制体制，那么对宝岛战争的威胁就没有消除。这时会出现两种情况，好的情况是红色政权迫于军事上的失利与经济压力，被迫进行政治体制改革，而坏情况是统治阶层仍冥顽不灵，红色政权孤注一掷并企图顽抗到底，这时也只能将战争扩大，进行登陆作战。我认为最好的登陆地点是特别行政区，因为这里的人民已经具备公民意识，他们愿意为了追求自由而拿起武器，也可以在其他沿海大城市进行登陆，登陆后就要联系广大群众，要让他们知道这场战争是正义的战争，只有最终取得胜利后他们才能翻身，无产党不是靠打土豪分田地起家的吗？这次革命也是打土豪，但不是分田地而是分房产，把解放区的房产分配给积极参与斗争的群众，以前是农村包围城市，现在是城市包围农村，城市的中产阶层实力变的强大，我想这样起义军会越打越多，无产党靠笼络民心能取得天下，今天也会因为失去民心而丧失天下。沿海城市在我国是最发达的地区，占据这里就等于掌握了红色政权的经济命脉，这也得益于红色政权的举国体制，我认为只要占据这里，红色政权才会认为大势已去，不得不答应和谈并进行政治体制改革。有人可能会说难道不怕红色政权动用核武吗？红色政权承诺过不会对无核地区使用核武，也不会首先使用核武，再说与宝岛的战争归根到底属于内战，那么就更不会动用核武了，毕竟动用核武就等于同归于尽，我认为只要不是攻入大西国首都的危亡时刻，中央高层根本不会考虑动用核武。宝岛兵力有限，登陆作战后最终还是要看国人的反抗意识有多强烈，是否渴望建立起人民主权国家，不再要暴政下的太平，人民如果此时在各地游行示威并纷纷加入反抗暴政的起义军，我认为红色政权撑不了多久，最终只能被迫进行改革。战争结束后，两岸之间已经产生隔阂，短期内不可能再次统一，但我觉得只要宝岛多数人还承认与大陆同属一个国家，只要未来大陆也走向宪政民主，那么我认为还是有统一的机会。如果两岸能和平统一建立起联合政府，那时国家实力会更上一层楼，这也实现了国父先生的遗愿，一个真正民族得到独立，民生得到改善，民权得到保障的国家，才是我们祖国强大的根基。这也是我作为国人的梦想，如果能实现我将心满意足，甚至可以说死而无憾了。我把未来通往宪政民主的道路都说了一遍，我从内心还是希望自上而下的变革与和平过渡，最不希望通过战争的手段革命，但我认为通过战争革命的下策也比人民无休止遭受专制的压迫好。不过回归到现实，短期内我国宪政民主之路肯定难以实现，因为红色政权一边大谈自由、民主与和平，另一边却用奴役、独裁与暴力对待人民，许多人还被假象蒙蔽了双眼，由于目前世界民主国家的不团结与专制国家的伪装，奴役又开始向世界蔓延，于是我提出自己构思的一个蓝图，因为这次疫情我把它命名为疫苗计划。

第四节 疫苗计划

康德先生曾提出过一个永久和平的构想，他在预备条款中谈到应当逐步废除常备军，任何国家都不能暴力干涉其他国家，在正式条款中认为实现永久和平需要满足三个条件，第一项是全世界都成为共和国，第二项是国际法应当在国家之上，第三项是实现世界公民法，让每一个人不会因为踏上别国土地而受到区别对待，不得不说康德先生真的很伟大，在两百多年前就给人类未来指明了方向。我认为康德先生虽然很有先见之明，但是条款过于理想化，让专制国家自愿废除常备军就已非常困难，更别说让专制国家放弃权力并走向宪政民主，那更是难上加难了，但如果民主国家都主动放弃常备军并保证不入侵其他国家，那么专制国家将肆无忌惮的扩张，直至把奴役蔓延到全世界，所以我认为民主国家不应该自废武功，应当联合起来，在军事、经济、科技等方面对冥顽不灵的专制国家进行封锁，防止专制国家的扩张并迫使它们进行改革，让世界远离专制所造成的压迫与捍卫普世价值。专制国家就像这次疫情的病毒一样，无时无刻都在想着侵蚀世界，我建议在世界范围内建立起大联盟，需要像给人打疫苗一样，也给国家"注射疫苗"，来防止

"专制病毒"的侵袭。

自由世界应当建立起一个联盟，这个联盟存在的目的是为了捍卫普世价值，所以可称为普世同盟。普世同盟不是简单以往国家之间的联盟，是不以民族、种族、国家或地域而区别对待，是以人权为中心，出于共同价值理念的联合，这也就淡化了主权国家的概念，而是以人权为核心建立起的大联盟，所以联盟成员不一定是国家，也可以是地区。联盟每个成员都派出数名代表形成评审团，评审团对世界所有国家的人权保障、民主质量、法治程度等进行评估，并制定标准按照实际情况对世界所有国家或地区进行划分，比如可以把世界上所有国家或地区分为优秀、良好、普通、中等、及格、较差、恶劣七个等级，普世同盟成员必须达到普通及以上标准才有加入联盟的资格，如果成员等级下降要通知令其整改，对于分数下降到标准以下的成员给予其一年观察期，如果第二年还未达标便取消成员资格。同理也可以吸收一些准成员进行观察，连续三年都达标便可成为正式成员。普世同盟成员之间要给予最优待遇，我还是那句话，文明的维持离不开一定的物质基础，所以首先成员之间应当促进彼此经济发展，给予最惠国待遇。我认为普世同盟完全可以代替世界贸易组织，世贸的初衷是好的，为了实现公平开放的国际市场，消除各国壁垒并建立一体化多边贸易机制，但国与国之间的交往不仅有经济联系，还有一定政治考量，在专制国家里统治阶层都不遵守国内法律，还指望他们遵守国际法吗？而且专制国家即使遵守国际法，但利用民主国家给予的最优政策不断发展壮大，持续奴役国内人民与向世界扩散专制，那么民主国家不就是在助纣为虐吗？所以只有成为普世同盟的成员，才能享受最优的经济待遇，除此之外还可以享受一些其他待遇，比如互相给予签证、文化交流、武器售卖等优待，这样一方面是为了让民主国家更团结，另一方面也是为了鼓励专制国家早日接受普世价值并走向宪政民主。对于普世同盟之外的国家，每个等级都享有不同的待遇，等级提升便提高待遇，等级下降待遇也随之下降，比如对待等级刚及格的国家或地区可以进行正常经济往来，但不能享受最惠国待遇，也不能对其出售武器装备，也少很多政策上的优待，直至其等级提升即可获得更多的优待。对于等级为较差的国家或地区，联盟成员要联合起来共同对其进行制裁，对于等级为恶劣的国家或地区，联盟成员应当完全拒绝与其来往。联盟成员如果不能履行，将取消其成员资格，同时如果某些国家发生侵犯人权事件，联盟成员也应当集体制裁，当然制裁的手段由侵犯人权的规模和程度而定，联盟成员进行共同磋商。这里还要特别强调一下，要对成员的跨国公司进行严格监管，因为制裁离不开跨国公司的支持，防止这些资本家为了利益而助纣为虐，所以联盟要对成员的跨国公司进行审查，一定要他们严格落实制裁措施，不服从的跨国公司将面临本国处罚与联盟成员的处罚，同理专制国家的跨国公司由于容易被政府掌控，联盟应对等级为较差的国家或地区的跨国公司进行种种限制，对等级为恶劣的国家或地区的跨国公司完全抵制，如果非联盟国家对联盟成员进行武装侵略，那么联盟所有成员直接按恶劣标准对待入侵国，并对被入侵的成员进行各方面援助。

我认为当今民主国家的纵容、不团结与对普世价值认可度的下降，才造成一些国家民主倒退，专制国家则趁机壮大，所以建立此同盟的目的就是让民主国家团结起来捍卫共同的价值理念，让专制国家无懈可击。我觉得世界任何一个国家或地区都不是敌人，只要认可普世价值并走向宪政民主，那么都是同道中人。目前大国里只有俄罗斯与我国还未走向宪政民主，所以普世同盟最大的对手就是俄罗斯与我国，我认为俄罗斯虽然侵略性强一些，但毕竟属于欧洲国家，更容易接受普世价值与走向宪政民主，而我国虽然侵略性弱一些，但专制文化根深蒂固，更难进行政治改革。针对这种情况，让俄罗斯发生改变比我国更容易些，所以普世同盟应先把重点放到俄罗斯身上，目前俄乌战争就是很好的机会，虽然当前战事仍然焦灼，但我觉得俄罗斯失败是早晚的事情，因为一边是乌克兰源源不断接收各国援助并越战越勇，另一边是俄罗斯孤立无援并消耗巨大，在 21 世纪还用武力吞并他国领土会遭到世界大多数国家的唾弃，我也看到乌克兰民族是个勇敢的民族，会誓死保卫自己国家的领土完整，乌克兰总统也是一个伟大的领袖，有些人还嘲笑他当

过演员，我想说以前当过演员没什么，有些没当过
演员的领袖还天天在给人民演戏，最重要是现在的
乌克兰总统，是一个不畏强权的硬汉。还有人说乌
克兰总统是西方的傀儡，乌克兰想加入北约才导致
俄罗斯入侵，乌克兰士兵成为了炮灰。我想说难道
乌克兰总统向俄罗斯卑躬屈膝的示弱，乌克兰士兵
不抵抗就投降才是正确的选择吗？有些键盘侠可
能身临其境的把乌克兰人民当成了自己。再说加入
北约问题，并不是北约东扩，而是东欧西投，面对
侵略成性的俄罗斯，东欧国家普遍缺乏安全感，纷
纷主动加入北约寻求庇护，可以预见瑞典与芬兰未
来也会加入北约，难道俄罗斯还要再和芬兰与瑞典
打一仗吗？以北约东扩发动战争的理由根本站不
住脚，现在看来只是为了侵占乌克兰领土找的借口
而已。战争已经持续了一年，时间拖的越久对俄罗
斯就越不利，要知道俄罗斯有个传统，俄罗斯的专
制政权并不像我国一样那么稳固，往往俄罗斯在经
历战争的失利后，专制政权就会迅速垮台，这也是
俄罗斯发动这场侵略战争的最终结局。我认为普京
政权垮台后，西方世界就可以向俄罗斯抛出橄榄枝，

取消对俄罗斯的制裁甚至援助俄罗斯，但条件是要向宪政民主转变。我觉得在未来的某一刻，俄罗斯也可以加入欧盟，以达到完全融入欧洲，这绝不是骇人听闻，国家之间没有永远的朋友，也没有永远的敌人，我希望欧洲能放弃对俄罗斯固有的成见，接受普世价值并走向宪政民主的俄罗斯，只会让欧洲乃至世界更加和平繁荣。这里还想说一下，欧盟或北约与普世同盟的关系，欧盟的建立本来就超出了国界，拥有共同的文化价值，便营造出属于欧洲人的公民社会。北约虽然是一个军事组织，但归根到底是出于共同价值理念国家所建立起的军事联盟，欧盟和北约都是成熟宪政民主国家的俱乐部，我建议加入欧盟或北约的必要条件之一，就是要属于普世同盟的成员，如果普世同盟的成员被撤销了成员资格，那么欧盟与北约也将撤销其成员资格，当然加入欧盟或北约还有一些其他条件，这样做的目的是为了让欧盟这个最大经济体，与北约这个最强军事组织能不忘初心，在世界范围内更好的捍卫普世价值。西方文明能在经济、文化、政治、科技、军事上取得辉煌成就，动力之源就是普世价值，所以我认为国际社会上许多组织都可以把加入普世同盟作为加入组织的必要条件之一，这就是要在国际社会上营造出一个氛围，尊重普世价值是合作的前提。再说普世同盟与联合国的关系，建立普世同盟是为了捍卫人的权利，而不干涉国家间纯粹纠纷，联合国则是主权国家之间沟通的重要渠道，对调和国家之间的纠纷有着非常重要的作用，所以联合国不可被替代，但我认为联合国需要改制，削弱五常的一票否决权，因为如果五常里某一国侵略其他国家或地区，那么由于拥有一票否决权，联合国将形同虚设，通过不了任何正义之声，这也就失去建立联合国最重要的意义，维护世界和平与安全。当然国与国之间也不可能讲完全平等，实力越强则说话分量越重，所以我建议取个折中的方案，如果五常里多数反对，那么联合国的议案便直接否决，如果五常里少数反对，那么将议案进行重新投票，联合国三分之二以上的国家赞成才能通过议案，这一方面加重了常任理事国的话语权，另一方面也防止个别常任理事国危害世界和平与安全。当然非要有人说常任理事国多数都赞成侵略他国怎么办，这时要分两种情况来看，首先如果多数常任理事国也像法西斯国家一样，纯粹为了掠夺他国领土或资源，那便是人类文明的末日，我希望那一天永远都不要到来，不过发生这种事情的几率很小，只要宪政民主国家在五常里仍占据优势，人民并没有抛弃普世价值，那么这种情况就不会发生。其次，如果专制国家压迫本国人民导致大规模人道灾难，又或者已对自由世界构成严重威胁，这就不是单纯国与国之间的问题，这时如果联合国不能发挥作用阻止灾难，自由世界就可以绕开联合国，通过普世同盟商议是否进行武力干涉，对人权的保护理应高于主权，如果民主国家推翻了专制政权并在当地建立起民主共和国，这就叫解放而不是侵略，比如美国推翻了伊拉克独裁政权，虽然是美国主动进攻，但给伊拉克人民带来了民主，人民摆脱了专制下的压迫，最近几年民主化的伊拉克发展很快，人民生活水平也日益提高，这就是正义的解放战争。我还认为应该尽早解决朝鲜问题，朝鲜是一个典型的极权主义国家，人民一直忍受着暴政之苦，朝鲜政权又拥有核武器与洲际弹道导弹技术，对自由世界的威胁只会越来越大，自由世界应当早日进行武力干涉，以迅雷不及掩耳之势对朝鲜进行斩首行动。我觉得定义一场战争的正义性，首先要看是否为人权而战，如果武力干涉只是纯粹为了推翻专制政权，建立起人民主权的国家，那么这就是一场正义的战争，其次才是涉及国家主权问题，损害他国主权一方是非正义战争，抵抗侵略一方是正义战争。总之未来自由世界只有团结起来，才能更好的捍卫普世价值，维护世界的和平与繁荣。

尾　声

　　我喜欢历史，因为历史就像一面镜子，从历史中可以看到人类的曾经，前车之鉴后事之师，但人类总是好了伤疤忘了疼，正如黑格尔所说的那样："人类从历史中学到的唯一教训，就是人类从历史中没有吸取任何教训。"距离第二次世界大战还不足百年，世界又开始不太平，在我写到本书结尾时，俄罗斯入侵乌克兰的战争仍在持续着，我国也虎视眈眈准备武力完成统一，两国大有背靠背战斗之势。我记得 2021 年底美国邀请了 100 多个国家召开民主峰会，承认当今世界民主的倒退，这个世界到底怎么了？一方面专制国家日益强大，另一方面自由世界的民主却在倒退，我认为虽然民主化已经成为世界潮流，民主国家也在世界占据决定性力量，但与专制国家的斗争还远远没有结束，如果当下的民主国家仍然不团结与姑息养奸，很有可能会给世界带来灾难，甚至爆发更多的战争。这绝不是危言耸听，任何时候都要有居安思危的意识，有时候危险就在眼前人们却还浑然不知，正如英国首相张伯伦参加慕尼黑会议后，还对英国人民说："这是我们时代的和平，我建议你们安心睡觉去吧！"不过当今也不必过于悲观，一些政治家也发现了危机所在，比如我看到蓬佩奥先生在尼克松故居前的演讲，他在演讲中呼吁民主国家联合起来应付威胁，这与我所倡导的疫苗计划不谋而合。我确信只要自由世界联合起来，专制国家将没有任何可乘之机，所以我对未来世界既不悲观也不乐观，我也不认为自由世界取得胜利后，地球就会变成人间天堂，因为每个时代都有每个时代的困难与挑战，人类社会就是在不断探索纠正中进步的，所以我认为根本没有什么永恒的东西。宇宙都处在不断的变化之中，人类历史也不过是宇宙历史中的一瞬间罢了，我们都是时代的产物，也都受到时代的局限，如果随着未来科技的发展，人类与机械逐渐融合，甚至最终人类摆脱了肉体的束缚，从碳基文明转变为硅基文明，那时可能已经不存在政府与国家，人类完全形成共同体，人类社会将发展成其他形态，如今许多行之有效的规则都会被彻底颠覆。我们既然都被时代所局限，那么每个时代只需解决好当下的问题，对于目前人类的文明，我认为始终都要记住人本身就是目的，一切发展都为了人，只有坚持以人为中心的发展，才能不误入歧途。在本书的结尾我想说，我也知道出版此书可能遭受政治迫害，但我绝不后悔，我已经做好了一切准备，即使因此失去一切甚至生命，我也在所不辞，但我还是要对我的父母以及爱人说声抱歉，我辜负了父母对我的期望，我也无法给女朋友想要的安稳生活，我未来有太多不确定性，所以我并不想耽误她，出版完此书后我就打算结束这段感情。在夜深人静的时候，我也在想这样值得吗？但是每次深思熟虑后，答案都是值得的，因为人和动物最大的区别就在于人是有理想的，革命先驱们抛头颅、洒热血不也是为了心中的理想吗？我为了实现自己的理想，因此导致的灾祸我也无所畏惧，未来哪怕有一个人由于看了我的书而走向自由，那么世界也因此就多了一位自由人，自由世界就多一份力量，离我的理想也就更近一步，这也就体现出我的价值所在，这份荣耀比什么都珍贵。至于本书最后一节的疫苗计划，说实话我并没有信心在不久后就被付诸实践，正如威尔伯福斯所说："利益总给人们眼前蒙上厚厚的膜，即便双目失明也不过如此。"国家之间的往来永远是利益至上，民主国家会不惜损害眼前的利益而团结一致吗？民主国家会为了普世价值而不惜一战吗？好了，我就用一段话来结束本书吧，是我发自内心的肺腑之言："如果我们只着眼于过去的辉煌，那将永远不会进步，而如果只着眼于未来，又必将错过眼前的风景，唯有把握当下才能创造出属于每个时代的辉煌，我热爱生育我的这片土地，热爱我的祖国与勤劳的人民，我衷心的希望祖国能通往普世之路，普世之光最终也能照耀到整个世界。"

2023 年 3 月 23 日